ENZYKLOP
DEUTSCH
GESCHIC
BAND 70

ENZYKLOPÄDIE
DEUTSCHER
GESCHICHTE
BAND 70

HERAUSGEGEBEN VON
LOTHAR GALL

IN VERBINDUNG MIT
PETER BLICKLE
ELISABETH FEHRENBACH
JOHANNES FRIED
KLAUS HILDEBRAND
KARL HEINRICH KAUFHOLD
HORST MÖLLER
OTTO GERHARD OEXLE
KLAUS TENFELDE

STAAT UND WIRTSCHAFT IM 19. JAHRHUNDERT

VON

RUDOLF BOCH

R. OLDENBOURG VERLAG
MÜNCHEN 2004

Bibliografische Information der Deutschen Bibliothek

Die Deutsche Bibliothek verzeichnet diese Publikation in der Deutschen Nationalbibliografie; detaillierte bibliografische Daten sind im Internet über <http://dnb.ddb.de> abrufbar.

© 2004 Oldenbourg Wissenschaftsverlag GmbH, München
Rosenheimer Straße 145, D-81671 München
Internet: http://www.oldenbourg.de

Umschlaggestaltung: Dieter Vollendorf
Umschlagabbildung: Bild von Friedrich Schinkel aus dem Jahr 1837, dem Protagonisten der preußischen Gewerbeförderung Peter Christian Beuth gewidmet. Beuth bemerkte dazu: „Ich schwebe über einer von mir gegründeten Fabrikstadt auf dem Pegasus und mache Seifenblasen." Schinkel-Beuth-Museum, heute Staatliche Museen in Berlin; vermutlich Kriegsverlust.
Gedruckt auf säurefreiem, alterungsbeständigem Papier (chlorfrei gebleicht)
Gesamtherstellung: R. Oldenbourg Graphische Betriebe Druckerei GmbH, München

ISBN 3-486-55712-2 (brosch.)
ISBN 3-486-55713-0 (geb.)

Vorwort

Die „Enzyklopädie deutscher Geschichte" soll für die Benutzer – Fachhistoriker, Studenten, Geschichtslehrer, Vertreter benachbarter Disziplinen und interessierte Laien – ein Arbeitsinstrument sein, mit dessen Hilfe sie sich rasch und zuverlässig über den gegenwärtigen Stand unserer Kenntnisse und der Forschung in den verschiedenen Bereichen der deutschen Geschichte informieren können.

Geschichte wird dabei in einem umfassenden Sinne verstanden: Der Geschichte der Gesellschaft, der Wirtschaft, des Staates in seinen inneren und äußeren Verhältnissen wird ebenso ein großes Gewicht beigemessen wie der Geschichte der Religion und der Kirche, der Kultur, der Lebenswelten und der Mentalitäten.

Dieses umfassende Verständnis von Geschichte muss immer wieder Prozesse und Tendenzen einbeziehen, die säkularer Natur sind, nationale und einzelstaatliche Grenzen übergreifen. Ihm entspricht eine eher pragmatische Bestimmung des Begriffs „deutsche Geschichte". Sie orientiert sich sehr bewusst an der jeweiligen zeitgenössischen Auffassung und Definition des Begriffs und sucht ihn von daher zugleich von programmatischen Rückprojektionen zu entlasten, die seine Verwendung in den letzten anderthalb Jahrhunderten immer wieder begleiteten. Was damit an Unschärfen und Problemen, vor allem hinsichtlich des diachronen Vergleichs, verbunden ist, steht in keinem Verhältnis zu den Schwierigkeiten, die sich bei dem Versuch einer zeitübergreifenden Festlegung ergäben, die stets nur mehr oder weniger willkürlicher Art sein könnte. Das heißt freilich nicht, dass der Begriff „deutsche Geschichte" unreflektiert gebraucht werden kann. Eine der Aufgaben der einzelnen Bände ist es vielmehr, den Bereich der Darstellung auch geographisch jeweils genau zu bestimmen.

Das Gesamtwerk wird am Ende rund hundert Bände umfassen. Sie folgen alle einem gleichen Gliederungsschema und sind mit Blick auf die Konzeption der Reihe und die Bedürfnisse des Benutzers in ihrem Umfang jeweils streng begrenzt. Das zwingt vor allem im darstellenden Teil, der den heutigen Stand unserer Kenntnisse auf knappstem Raum zusammenfasst – ihm schließen sich die Darlegung und Erörterung der Forschungssituation und eine entsprechend gegliederte Auswahlbibliographie an –, zu starker Konzentration und zur Beschränkung auf die zentralen Vorgänge und Entwicklungen. Besonderes Gewicht ist daneben, unter Betonung des systematischen Zusammenhangs, auf die Abstimmung der einzelnen Bände untereinander, in sachlicher Hinsicht, aber auch im Hinblick auf die übergreifenden Fragestellungen, gelegt worden. Aus dem Gesamtwerk lassen sich so auch immer einzelne, den jeweiligen Benutzer besonders interessierende Serien zusammenstellen. Ungeachtet dessen aber bildet jeder Band eine in sich abgeschlossene Einheit – unter der persönlichen Verantwortung des Autors und in völliger Eigenständigkeit gegenüber den benachbarten und verwandten Bänden, auch was den Zeitpunkt des Erscheinens angeht.

Lothar Gall

Inhalt

Vorwort des Verfassers

Das Begriffspaar „Staat und Wirtschaft" umreißt ein weites Themenfeld, das auf den wenigen Seiten eines EdG-Bandes nur unter erheblichen sachlichen Verzichten und Kompromissen abgehandelt werden kann. Dennoch hat es mich gereizt, die bislang erste monographische Überblicksdarstellung zum Verhältnis von Staat und Wirtschaft im 19. Jahrhundert vorzulegen, trotz des Risikos, der Kritik weit offene Flanken zu bieten.

Das Begriffspaar selber ist ein Produkt jener „Achsenzeit" (Koselleck) der zweiten Hälfte des 18. Jahrhunderts, die einen Paradigmenwechsel hin zu „modernen" Kategorien der Wirklichkeitserfassung und des Zukunftsentwurfs einleitete. Der Staat wurde von den vorherrschenden zeitgenössischen Denkströmungen zunehmend als eigene, von Gesellschaft und Wirtschaft getrennte – den „allgemeinen Willen" gleichsam rein verkörpernde – Institution verstanden, während Gesellschaft und Wirtschaft als Gegenbegriffe dazu geprägt wurden. Die Wirtschaft, die überhaupt erst durch die kameralistische Staatswirtschaftslehre der fürstlichen Territorialstaaten begrifflich in Umrissen fassbar geworden war, sollte fortan – so zumindest das programmatische Ziel der liberalen Reformbeamten zu Beginn des 19. Jahrhunderts – ein möglichst staatsfreier Raum sein, in dem sich die ökonomischen Akteure unabhängig von der politischen Macht entfalten konnten.

Im Anschluss an W. Fischer wird davon ausgegangen, dass zu Beginn des 19. Jahrhunderts der Staat im modernen Verständnis im deutschsprachigen Raum sowohl begrifflich als real genügend ausgebildet war, „um als etwas Eigenes, in sich Verständliches, besonderen Gesetzen Gehorchendes begriffen werden zu können …" [118: Das Verhältnis, 287 f.]. Unter „Staat" in Deutschland werden hier zunächst die etwa dreißig im Deutschen Bund von 1815 zusammengefassten, im Zeitalter Napoleons weitgehend souverän gewordenen politischen Einheiten mit monarchischer Spitze, ihrem Beamtenapparat und ihren bis zur Jahrhundertmitte zunehmend in Verfassungen niedergelegten Rechten und Pflichten verstanden, obwohl sich die Darstellung – dem preußenlastigen Forschungsstand folgend – sehr stark auf Preußen konzentriert. Was diesem „Staat" an „Wirtschaft" gegenübertrat, muss vage bleiben und kann anfangs nur punktuell – zumeist in Konfliktsituationen – konkretisiert werden. Erst in den 1840er Jahren und dann im Reichsgründungsjahrzehnt kam es zu einer beschleunigten Organisation wirtschaftlicher Interessen. Unter Wirtschaft werden in dieser Studie sehr allgemein einerseits die Landwirtschaft und andererseits das Gewerbe in seiner ganzen Vielfalt (i. e. Handwerk, Heimgewerbe, Manufaktur, Bergbau und Fabrikindustrie) gefasst, wobei der Entwicklung der „Großen Industrie" und der Rolle des Staates im Prozess der Industrialisierung die weitaus größte Aufmerksamkeit geschenkt wird.

Bekanntlich hat der „Staat" in Deutschland, vor allem der preußische Staat, sich nicht lange in wirtschaftsliberaler Zurückhaltung geübt, sondern schon bald nach der Epoche liberaler Reformen – sei es durch direkte Gewerbeförderung, sei es durch spezifische gesetzgeberische Maßnahmen – in den Wirtschaftsprozess einzugreifen versucht. Dabei waren die Ergebnisse oder Absichten dieser staatlichen Eingriffe keineswegs immer industrialisierungsfreundlich. Eine nach Umfang und Art neue Qualität erlangten diese staatlichen Interventionen aber in den Revolutionsjahren 1848/49 und dem folgenden Jahrfünft. Erst in dieser Zeit übernahm der „Staat" in letzter Instanz die Verantwortung für das Funktionieren des Wirtschaftslebens, zielte seine Wirtschafts- und Infrastrukturpolitik insbesonders auf die Ermöglichung und Moderation eines anhaltenden industriellen Wachstums. Auf diese Erfahrungen konnte der Staat nach der Reichsgründung zurückgreifen, als es seit der Mitte der 1870er Jahre galt – nach vielen Jahren guter Konjunktur – einen ungleichmäßig verlangsamten Wachstumsprozess zu moderieren. In einer sich in den folgenden Jahrzehnten entfaltenden, immer komplexer werdenden Industriegesellschaft wuchsen dem Staat sodann – begleitet von einem rasanten Prozess der „inneren Staatsbildung" – immer neue Aufgaben zu. Staatliche Eingriffe in die Produktion und gesellschaftliche Distribution nahmen bis 1914 einen solchen Umfang an, dass man bereits Züge des Interventions- und Wohlfahrtsstaates späterer Jahrzehnte erkennen kann. Das wird umso deutlicher, wenn man den Staat des Kaiserreichs in seiner Gesamtheit betrachtet. Denn nach der Reichsgründung bestritten die wirtschaftspolitisch über ein hohes Maß an Autonomie verfügenden Bundesstaaten und nicht das Reich den größeren Teil aller wirtschaftlichen Staatstätigkeiten. Auch die Gemeinden griffen durch kommunale Unternehmen sowie durch stetig steigende Sozialausgaben erheblich in Produktion und Distribution ein.

Das Verhältnis von Staat und Wirtschaft ist in Deutschland vielleicht durch die Besonderheit bestimmt, dass Rudimente älterer Sozialformen, Mentalitäten und Staatstraditionen die liberalen Reformen nach 1800 sowie in den 1860er Jahren teilweise überdauerten und die Durchsetzung einer verstärkten Staatstätigkeit im letzten Viertel des 19. Jahrhunderts begünstigten. Um das grundsätzlich Neue, das die liberalen Reformen dennoch ins Werk setzten, besser verstehen zu können, beginnt die Darstellung daher mit einem kurzen Rückblick auf die Phase des territorialstaatlichen Kameralismus bzw. Merkantilismus. Zuletzt sei dem Herausgeber dieser Reihe Lothar Gall und „meinem" Teilherausgeber Karl Heinrich Kaufhold für ihre unerschütterliche Geduld und ihren Langmut gedankt. Karl Heinrich Kaufhold hat das Manuskript aufmerksam gelesen und wertvolle Anregungen gegeben.

Rudolf Boch

I. Enzyklopädischer Überblick

1. Ein Rückblick:
Staat und Wirtschaft im 18. Jahrhundert

Der moderne Staat ist in der Frühen Neuzeit als Machtstaat angetreten. Denn die Fürstenstaaten mittlerer Größe im deutschsprachigen Raum mussten sich gegen das Reich und seine überlieferten universalen Ideen, gegen ständische Traditionen und Mitspracherechte im eigenen Territorium und gegen konkurrierende Territorialstaaten durchsetzen. Um die gesteigerten Anforderungen an die Staatsmacht – permanent kriegsbereites, „stehendes" Heer, Beamtenapparat, repräsentative Prachtentfaltung bei Hofe – erfüllen zu können, musste den Landesherren daran gelegen sein, die Finanzkraft ihrer Territorien durch die Steigerung ihres wirtschaftlichen Potenzials nachhaltig zu heben. Daher versuchte man erstmals, eine das gesamte Territorium und möglichst viele Sektoren umfassende Wirtschaftspolitik zu betreiben.

Diese Wirtschaftspolitik und die vorherrschende Richtung des wirtschaftlichen Denkens wird als Merkantilismus bzw. Kameralismus bezeichnet. Kameralisten nannte man in den deutschen Staaten des 18. Jahrhunderts sowohl die Mitglieder der Kammerkollegien, d. h. die engeren Berater der Fürsten, als auch die Professoren, die Kameralistik lehrten. Es ging den Kameralisten nicht um die wirtschaftliche Interaktion an sich, sondern um eine „rationale Staatsregierung, die auch das wirtschaftliche Verhalten erfasst" (Burkhardt). Der Begriff des Kameralismus im deutschsprachigen Raum schließt den des Merkantilismus in sich ein. Der Merkantilismus machte „den speziell nationalökonomischen Gehalt einer neuen Auffassung vom Staat und seinen Funktionen aus" (Jaeger). Er bezeichnet jedoch kein klar umrissenes Lehrgebäude oder ein in sich stimmiges Wirtschaftssystem, sondern wurde zum Inbegriff wirtschaftspolitischer Maßnahmen deutscher wie europäischer Staatsregierungen. Merkantilistische Wirtschaftspolitik im 17. und 18. Jahrhundert zielte v. a. auf die Integration unzureichend genutzter Ressourcen in den Produktionsprozess und die besondere Förderung des Gewerbes, das eine schnelle und kaum natürlichen Schranken unterworfene Produktionssteigerung versprach. Außerdem wollte man die Infrastruktur durch Chaussee- und Kanalbauten verbessern. Die Einbeziehung brachliegender Ressourcen erfolgte in den deutschen Staaten v. a. durch die Rekultivierung der im Dreißigjährigen Krieg verwüsteten Landstriche, die Trockenlegung von Mooren und Flussauen sowie durch die Nutzung unterbeschäftiger oder – wenig effektiv – randständiger Arbeitskräfte (Bettler, Alte, Invaliden) vornehmlich in der textilgewerblichen Produktion. Mit der staatlichen Förderung von Gewerben – auch durch Ansiedlung französischer oder holländischer Glaubensflüchtlinge – wollte man sektorales wirtschaftliches Wachstum anstoßen. Dabei sah man aber noch nicht, dass die Wirtschaft sektoren- und länderübergreifend wuchs. Die Merkantilisten stellten sich hingegen vor, dass wie bei einem Nullsummenspiel der Anstieg der Wirtschaftsleistung eines Sektors den Rückgang derselben bei anderen, speziell im Gewerbe des Auslandes bedinge. Gewerbeförderung, deren damals z. T. neuartige Formen bis heute durchaus gebräuchlich sind – Subventionen, Monopole, Zollschutz, Exporthilfen usw. –, zielte auf eine Vermehrung der fiskalischen Ressourcen des Staates und zugleich auf eine aktive Handelsbilanz, um auf diese Weise Edelmetall ins Land zu holen. Dieses sollte nicht gehortet werden, sondern der Expansion des Geldumlaufs dienen, um somit wiederum die Produktion anzuregen.

Grenzen merkantilistischer Wirtschaftspolitik

Doch standen das Denken in nur sektoralen Wachstumschancen, die durch „Kampf" Staat gegen Staat „erobert" werden mussten sowie die dominant fiskalischen Interessen in der Zollpolitik, die zum wirkungsvollsten Instrument staatlicher Einkommensmaximierung ausgebaut wurde, einer weiteren Entfaltung der gewerblichen Wirtschaft entgegen. Prohibitivzölle und Einfuhrverbote von Fertigwaren sowie ein dichtes Netz von fast 2000 Zolllinien auf dem Gebiet des Alten Reichs zum Ende des 18. Jahrhunderts behinderten die gewerbliches Wachstum anregende Wirkung eines freien Austausches von Waren. Auch dürfen Reichweite und Anspruch des frühneuzeitlichen Staates und seiner merkantilistischen Wirtschaftspolitik nicht überschätzt werden. Weder in Preußen noch in anderen größeren Territorien des Reiches hat er mehr als nur im Ansatz eine „nationale" Ökonomie oberhalb der lokalen und regionalen ökonomisch-sozialen Einheiten begründet. Mit der Ablösung des Personenverbandsstaats durch den Territorialstaat wurden weder Grund- bzw. Gutsherrschaft noch zünftige Handwerksverfassung oder städtische Autonomie aufgehoben. Zwar kam es zur Privilegierung eines „Zweiten Arbeitsmarktes" neben der bestehenden Zunftordnung, einschneidende Reformen der Agrarwirtschaft unterblieben aber, weil das Feudalsystem nicht grundsätzlich in Frage gestellt wurde.

Neben Zöllen und Steuern kam Ende des 18. Jahrhunderts noch ein bedeutender Teil der territorialstaatlichen Einkünfte aus Regalien, d. h. nutzbaren Hoheitsrechten der Landesfürsten: z. B. Münz-, Markt-, Forst-, Berg- und Salzregalien. Von den Regalien war der Bergbau das wichtigste Feld merkantilistischer Wirtschaftspolitik. Eine verschärfte staatliche Aufsicht über die Bergwerke sollte die Förderleistung und darüber die fiskalischen Einnahmen erhöhen. Diese Politik verfolgte insbesonders Preußen nachdrücklich. Sie mündete in die Revidierte Bergordnung von 1776, die eine detaillierte staatliche Reglementierung (sog. Direktionsprinzip) der technischen und wirtschaftlichen Leitung auch privater Bergbaubetriebe durchsetzte. Die Etablierung eines zentralistischen Staatsbergbaus und eines ausgefeilten Systems staatlicher Förder- und Lenkungsmaßnahmen für die großgewerbliche Wirtschaft („Fabriksystem") verdeutlicht, dass vornehmlich in Preußen während der Regierungszeit Friedrichs II. (1740–1786) das Verhältnis von Staat und vergleichsweise „modernen" Teilbereichen der Wirtschaft tendenziell den Charakter eines staatlich verordneten Reglements annahm. Es war im Ansatz der Weg zu einer „Staatswirtschaft", d. h. im Gegensatz zur relativen Autonomie der Wirtschaft im späteren liberalen Modell, die betonte Ausrichtung der unternehmerischen Wirtschaft auf den Staat. Doch lassen sich zeitgleich in den ökonomisch fortgeschrittenen, an Westeuropa und dem Transatlantikhandel orientierten, durch ein Nebeneinander von Kleinstaaten geprägten Rheinlanden – Reichsstädte und Kirchenbesitz lagen neben kurpfälzischen und preußischen Exklaven – das Erstarken einer selbstbewussten gewerblichen Unternehmerschaft sowie Experimente mit der Einführung einer weitgehenden Gewerbefreiheit beobachten. In direkter Nähe der großen Reichsstädte Köln und Aachen entstanden in kleinen Gebietsteilen „Wirtschaftssonderzonen", die in direkter Systemkonkurrenz zum Zunftreglement der Reichsstädte standen. Selbst in der preußischen Exklave Krefeld gelang es den kapitalstarken Manufaktur- und Verlagsunternehmern des dortigen Seidengewerbes, alle Reglementierungsversuche Berlins abzuwehren. Außerdem expandierte die unzünftige ländliche Heimweberei für Baumwoll-, Seiden-, Woll- und Mischgewebe im westlichen Deutschland über alle kleinstaatlichen Grenzen hinweg und entzog sich einer einzelstaatlichen Regulierungspolitik.

In dem zu Pfalz-Bayern gehörenden, rechtsrheinischen Herzogtum Berg, das sich seit dem 17. Jahrhundert – unter Beibehaltung zünftiger Strukturen – zu einer der bedeutendsten vorindustriellen Gewerberegionen entwickelt hatte, zeichnete sich seit den 1780er Jahren eine vorsichtige marktwirtschaftliche Reformpolitik ab. Die seit den 1790er Jah-

(Randnotizen:)

Dirigismus im Bergbau und preußische „Staatswirtschaft"

Elemente der Gewerbefreiheit

Behutsame Reformpolitik

ren in der bergischen Merkantilverwaltung an Einfluss gewinnenden Anhänger einer völligen Gewerbefreiheit konnten sich aber erst durchsetzen, als 1806 napoleonische Truppen in das Herzogtum einmarschierten. Auch in Preußen überlebte trotz deutlich erkennbarer Reformansätze die friderizianische „Staatswirtschaft" in den wesentlichen Organisationsformen bis zur militärisch-politischen Niederlage von 1806.

2. Staat und Wirtschaft in der Ära der liberalen Reformen und des Vormärz

Marktdynamik und Bevölkerungswachstum

Die Entwicklung zu einer modernen Marktgesellschaft kam in größeren Teilen des deutschsprachigen Raums seit der Mitte des 18. Jahrhunderts deutlich voran – nicht zuletzt wegen der heimgewerblich-ländlichen Textilproduktion für den Weltmarkt und dem internationalen Getreidehandel. Ein zeitgleich einsetzendes Bevölkerungswachstum, auch in Reaktion auf ein vermehrtes Angebot von Arbeitsmöglichkeiten, begann das traditionelle Sozialgefüge auf dem Lande und in den gewerblich verdichteten Regionen aus den Angeln zu heben. Die stetig wachsende Zahl von Menschen im arbeitsfähigen Alter erhöhte den Druck in Richtung auf eine Anpassung bzw. Modernisierung der überkommenen Produktionsstrukturen in Landwirtschaft und Handwerk sowie eine Steigerung der Produktion insgesamt.

Reformorientierte Beamte

Innerhalb der Administration deutscher Staaten, v. a. in Preußen, gab es Ende des 18. Jahrhunderts hohe Beamte, die diese Herausforderungen deutlich erkannten und auf eine grundlegende Reform der Staats- und Wirtschaftsverfassung setzten. Sie sahen fehlende Marktstrukturen und Produktionsanreize als Gründe für die uneinheitliche und teilweise krisenhafte Entwicklung der Gewerbe, die strukturelle Unterbeschäftigung auf dem Lande und die zu geringe Produktivität vieler Bauernwirtschaften. Mehr als erste, zögernde Schritte in diese Richtung vermochten sie aber bis 1806/07 nicht durchzusetzen. Ihr Aufbegehren gegen eine überlebt erscheinende ältere Ordnung und ihre scharfe Absage an tradierte staatliche Wirtschaftspolitik speisten sich freilich nicht allein aus der Beobachtung der Realität.

Rezeption der Physiokraten und Adam Smiths

Bei diesen reformorientierten Beamten machte sich vielmehr der längerfristige Einfluss physiokratischer Lehren und des Wirtschaftsliberalismus in der Rezeption des Werks von Adam Smith (1723–1790) „An Inquiry into the Nature and the Causes of the Wealth of Nations" (1776) geltend. Sie stellten den Reformpolitikern neue Kategorien der ökonomischen Weltsicht bereit und erklärten Volkswirtschaft in einem neuen Systemzusammenhang. Es ging nicht mehr um eine einseitige Förderung sektoralen gewerblichen Wachstums, sondern um eine weitere Anhebung des gesamtwirtschaftlichen Niveaus, insbesondere auch der Agrarwirtschaft, durch die höhere Effizienz individueller Freiheit der Wirtschaftenden unter dezidierter Abkehr vom permanenten Dirigismus des Merkantilsystems. Ein solches harmonisches Wirtschaftswachstum, das im Gegensatz zum Merkantilismus bereits als kompensationsloses Wachstum gedacht wurde, war aber nicht nur von der gesteigerten Produktion in allen Wirtschaftssektoren abhängig, sondern auch vom Absatz und der Distribution der vermehrten Erzeugnisse. Fragen des Marktes, auch des inneren Marktes, und der Bevölkerungsstruktur rückten damit ins Blickfeld. Smith bot in seinem „Wealth of Nations" letztlich auch einen Leitfaden für die Freisetzung von Wachstumskräften unter den Bedingungen relativer ökonomischer Rückständigkeit, wobei er sich intensiv mit notwendigen politischen und gesellschaftlichen Rahmenbedingungen auseinandersetzte, die im deutschsprachigen Raum teilweise erst noch zu schaffen waren.

Dringender Handlungsbedarf zur Herstellung solcher Rahmenbedingungen bestand für die Staatsführungen spätestens seit der Französischen Revolution. Aber erst die Schaffung der Rheinbundstaaten im Gefolge der Feldzüge Napoleons und v. a. die totale militärische Niederlage Preußens 1806/07 eröffneten dem reformwilligen Teil der Beamten in den Staatsbürokratien die Chance zu einer umfassenden Staatsreform und zur rechtlichen Etablierung einer liberalen Eigentümer- und Marktgesellschaft. Die Rheinbundstaaten nutzten die Eingliederung der zahlreichen neu hinzugekommenen Territorien zur Durchsetzung moderner, am französischen Vorbild orientierter Grundsätze, die sich zunächst vornehmlich auf den Verwaltungsbereich beschränkten. Zahlreiche „Territorialtrümmer des alten Reiches kamen erst jetzt in Bezug zum modernen bürokratischen Staat" (Nipperdey). In Preußen erlangte für geraume Zeit eine entschieden wirtschaftsliberal orientierte Gruppe von Reformbeamten um Karl August Freiherr von Hardenberg (1750–1822) einflussreiche Positionen. Diese vom Durchschnittsalter her keinesfalls jungen Beamten nutzten die zeitweilige Paralysierung der etablierten preußischen Eliten, um eine grundlegende Modernisierung des Staatsaufbaus, des Militärs und des Erziehungssystems durchzusetzen, vor allem aber auch, um vergleichsweise konsequente Agrar- und Gewerbereformen einzuleiten. Die preußische Wirtschaftspolitik der Reformzeit war zwar immer auch – nicht zuletzt fiskalisches – Krisenmanagement, verfolgte aber stets programmatische Ziele.

Reformen im Rheinbund und in Preußen

Integraler Bestandteil dieser programmatischen Ziele war u. a. ein neues Verhältnis von Staat und Wirtschaft, das später auch von anderen deutschen Staaten internalisiert wurde: Die zuvor feudal, zünftig oder staatlich gebundene Wirtschaft wurde in eine relative Autonomie entlassen. Damit reagierte der Staat zugleich auf die Entstehung eines eigenständigen ökonomischen Subsystems mit spezifischer Rationalität in einer komplexer werdenden Gesellschaft. Der Staat zog sich freilich nicht zurück, wurde nicht schwächer, sondern wurde sukzessiv in neue Aufgaben hineingedrängt, die eines starken, funktionsfähigen Staates bedurften. Die wichtigste Aufgabe der Umbruchzeit war die Schaffung des institutionellen Rahmens für die vollständige Durchsetzung einer bürgerlichen Eigentümergesellschaft mit freien Märkten.

Relative Autonomie der Wirtschaft

Trotz der erheblichen einzelstaatlichen Unterschiede, besonders hinsichtlich der Durchsetzung der einzelnen Schritte zur Etablierung dieses neuen rechtlich-institutionellen Rahmens bis über die Mitte des 19. Jahrhunderts hinaus, lassen sich die wichtigsten Reformen wie folgt umreißen:

Neue Wirtschaftsordnung

– Die Umwandlung einer Vielzahl herrschafts-, eigentums- und nutzungsrechtlicher Feudalansprüche in private, kapitalistische Eigentumsrechte an landwirtschaftlichem Grund und Boden;
– die Abschaffung der Erbuntertänigkeit, Schollenpflichtigkeit und unentgeltlichen Frondienste der bäuerlichen Bevölkerung, um einen freien Arbeitsmarkt auf dem Lande herzustellen;
– die Aufhebung korporativer Zugangsbeschränkungen und anderer nichtökonomischer Markteintrittsbarrieren im gewerblichen Bereich bis hin zum Erlass einer allgemeinen Gewerbefreiheit;
– die Abkehr von staatlichem Dirigismus in der gewerblichen Unternehmerwirtschaft und die Herstellung von einheitlichen Wirtschaftsräumen, v. a. durch die Aufhebung binnenwirtschaftlicher Zölle;
– die Reform der Finanzverfassung und die Vereinfachung des Steuerwesens.

2.1 Die Agrarreformen

Agrarreformen in Preußen

Der preußische Staat betrieb die Transformation der älteren, feudalen Agrarverfassung in eine bürgerliche Eigentümergesellschaft und die Herstellung eines freien Arbeitsmarktes auf dem Lande mit dem größten Nachdruck. Nur in Preußen wurde die – in allen deutschen Staaten übliche – Entschädigung der früheren feudalen „Oberherren" auch durch Landabtretungen der Bauern an die Gutsherren geleistet. Diese Bauernhöfe blieben aber größtenteils erhalten und modernisierten ihre

Wirtschaftsweise nach Abtretung des vorgeschriebenen Landanteils. Die meisten bäuerlichen Vollerwerbsbetriebe in den ostelbischen Provinzen unterstanden ohnehin nicht der Gutsherrschaft, sondern der Grundherrschaft. Sie wurden nach dem etwas günstigeren Gesetz von 1821 mit Geldzahlungen in Form von langfristigen Ablösungsrenten belastet. Auf diese Weise flossen den ehemaligen Grundherren über Jahrzehnte nicht unerhebliche Finanzmittel zu. Die adligen und bürgerlichen Großgrundbesitzer gingen aus den staatlichen Reformen zweifellos gestärkt hervor. Die großen und mittleren Bauern konnten sich aber – trotz des Gewichts der Entschädigungsleistungen – behaupten. Bis zum Ende der 1840er Jahre hatte der überwiegende Teil der Vollbauern das uneingeschränkte Eigentumsrecht an den Höfen erlangt. Darüber hinaus war eine bedeutende Zunahme von Kleinbauern zu verzeichnen – nicht zuletzt als Folge der seit 1821 betriebenen Gemeinheitsteilungen und des nun freien Bodenmarktes. Seit den 1830er Jahren „verstopfte" aber der Bodenmarkt durch die soziale „Kontrolle über den Boden, die nach Herstellung des freien Eigentums die Familien der Großgrundbesitzer und Vollbauern ausübten. Der Aufstieg der Bauern stand im Schatten des Pauperismus der ländlichen Unterschichten" (Mooser).

In Süddeutschland und Sachsen sowie in Teilen Westdeutschlands zogen sich die Agrarreformen wegen mangelnder staatlicher Forcierung länger hin. Ohnehin waren in diesen Gebieten die Feudalbeziehungen bereits lange vor der Wende zum 19. Jahrhundert durch Kommerzialisierung und Monetarisierung stärker zersetzt als im Osten. Außerdem waren die Besitz- und Eigentumsrechte der Bauern westlich der Elbe im Allgemeinen besser entwickelt. Problemdruck und Veränderungswillen waren daher weniger ausgeprägt.

Agrarreformen in den anderen deutschen Staaten

Zu einer radikaleren Umgestaltung der ländlichen Eigentumsordnung kam es infolge der Flucht eines Teils der Feudalherren und der direkten Übertragung französischer Rechtsnormen in den linksrheinischen Gebieten, die seit 1794 unter den Einfluss des revolutionären Frankreich gerieten. In den Rheinbundstaaten dagegen wurden die geplanten Agrarreformen, auch aufgrund der Bemühungen, den Adel in das napoleonische Herrschaftssystem zu integrieren, restriktiv ausgelegt. Die Fixierung bäuerlicher Realleistungen machte Fortschritte, deren Ablösung kam jedoch meist nur schleppend voran. Die Agrarreformen wurden zu einem sich über viele Jahrzehnte erstreckenden Prozess und außerhalb Preußens erst in den 1850er Jahren vollständig realisiert. Der Abschluss der Reformen bis zu den letzten Tilgungsraten dauerte noch einige Jahrzehnte länger. Die Gesamtbedingungen der preußischen Agrarreformen für die Bauern waren zumeist härter als die Bestimmungen in anderen deutschen Staaten.

Mittelfristige
Wirkungen der
Agrarreformen

Wie in Preußen so veränderten auch im Süden und im rechtsrheinischen Westen Deutschlands die Agrarreformen die Struktur des Grundbesitzes der einzelnen sozialen Gruppen nur in geringem Umfang. Die je nach Region früher oder später durchgeführten Gemeinheitsteilungen (Privatisierung der von der Dorfgemeinschaft zuvor gemeinsam genutzten Weide- und Waldflächen) verschlechterten aber die soziale der Lage der landlosen Unterschichten. Obwohl die Ablösungsgelder der bäuerlichen Gesellschaft eine erhebliche Menge Kapital entzogen, stieg die landwirtschaftliche Produktion langfristig deutlich an.

Anstieg landwirtschaftlicher Produktion und Einkommen

Die Nettoproduktion der Landwirtschaft auf dem Gebiet des späteren Deutschen Reiches verdoppelte sich von 1800 bis 1860 nahezu, während die Bevölkerung gleichzeitig nur um 60 Prozent anwuchs. In den vier „goldenen Jahrzehnten" der Landwirtschaft von 1830 bis 1870 nahmen auch die Erlöse aus den bäuerlichen Wirtschaften kräftig zu. Überall in Deutschland änderte sich aber in der zweiten Hälfte des 19. Jahrhunderts die soziale Zusammensetzung der Dörfer, weil in Ge

Abwanderung oder
Vergewerblichung
unterbäuerlicher
Schichten

bieten, die weiterhin rein agrarisch blieben eine massive Landflucht der Dorfarmen und Kleinstellenbesitzer einsetzte oder weil sie sich mit Menschen füllten, die gewerbliche Berufe ausübten und Landwirtschaft höchstens noch als Nebenerwerb betrieben. Mittelfristig erhebliche Auswirkungen hatten die vom Staat eingeleiteten Agrarreformen mithin nicht nur auf die Produktivität der bäuerlichen Landwirtschaft und des adlig-bürgerlichen Großgrundbesitzes, sondern auch auf die bereits um 1800 sehr umfangreichen und weiter wachsenden unterbäuerlichen Schichten auf dem Lande.

2.2 Die Gewerbereformen

Gewerbefreiheit
in Preußen

Die Gewerbefreiheit bildete den zweiten Schwerpunkt des wirtschaftlichen Reformprogramms in Preußen. Zwar spielten bei der Verkündung der Gewerbegesetze 1810/11 auch die Hoffnung des Staates auf rasche, vermehrte Einnahmen durch die Gewerbesteuer eine Rolle. Die Einführung der Gewerbefreiheit hatte aber programmatischen Charakter und die Gewerbefreiheit blieb das allgemeine Grundprinzip preußischer Wirtschaftspolitik auch über die Ära Hardenberg hinaus.

Für das Handwerk, das die große Mehrheit der gewerblich Beschäftigten umschloss, bedeutete die Gewerbefreiheit die vollständige Aufhebung von Zunftverfassung und Zunftzwang. Zünfte verloren ihren „öffentlich-rechtlichen" Charakter als Zwangskorporationen und

wurden zu privaten Vereinen degradiert. Die Einführung der Gewerbefreiheit zielte aber keineswegs nur auf das Handwerk. Ihre Einführung
galt auch den Großgewerben, Verlagen, Manufakturen, Mühlen, Werften usw. Hier schuf sie die rechtlichen Voraussetzungen für die Tätigkeit einer freien, d. h. in relativer Autonomie vom Staat agierenden,
großgewerblichen bzw. industriellen Unternehmerschaft, indem sie den
rechtlichen Sonderstatus des „privilegierten" Unternehmers im Verhältnis zum Landesherrn oder Staat ersatzlos aufhob. Als Symbol und
Prinzip beeinflusste die Gewerbefreiheit fortan die Grundhaltung der
preußischen Bürokratie. Sie machte den „freien Arbeitsvertrag" zur
Grundlage des Verhältnisses zwischen Kapital und Arbeit. Aus einer
grundsätzlich gewerbefreiheitlichen Denkhaltung heraus enthielt sich
der Staat lange Zeit einer gesetzlichen Regelung drängender sozialer
Probleme, wie der zunehmenden Kinderarbeit in Fabriken oder dem
grassierenden, oft betrügerischen Warenzahlen (Trucksystem) im
Heimgewerbe. Unter Hinweis auf die geltende Gewerbefreiheit wurden
von der staatlichen Bürokratie auch ältere institutionelle Regelungen
einer korporativen Lohnfindung in Großgewerben außer Kraft gesetzt
oder ihre Wiedereinführung rechtlich sanktioniert (v. a. im ehemaligen
Herzogtum Berg und der Grafschaft Mark). In den Kleineisengewerben
des rechten Niederrheins, insbesondere aber in der neuen preußischen
Provinz Westfalen trafen die Wirtschaftsreformen ohnehin auf lokale
Unternehmergruppen, die gar nicht von der alten Ordnung „entfesselt"
werden wollten.

> Gewerbefreiheit als ordnungspolitisches Prinzip

> Fortexistenz lokaler institutioneller Regelsysteme

Die Einführung der Gewerbefreiheit zielte in besonderem Maße
auf die Umstrukturierung der Landwirtschaft in den ostelbischen Provinzen Preußens. Sie sollte die Erwerbschancen der ländlichen Bevölkerung, v. a. der unterbäuerlichen Schichten in nichtagrarischer Beschäftigung erhöhen, indem sie den althergebrachten Rechtsunter-
schied zwischen Stadt und Land hinsichtlich der Ausübungsmöglich-
keiten von Handwerken einebnete und durch die einfache Lösung eines
Gewerbescheins den Zugang zu fast jeder Berufstätigkeit eröffnete.
Das Augenmerk der Reformer lag auf der disproportionierten, „sub-
optimalen" Standortverteilung der Gewerbe im alten Preußen. Land-
handwerke waren deutlich geringer verbreitet als im Süden und Westen
Deutschlands und es gab – mit Ausnahme Schlesiens – kaum nennenswerte „protoindustrielle" Exportgewerbe auf dem Lande. Die dann für
Ostelbien festgestellte starke Zunahme des Landhandwerks ist offenbar
durch die Gewerbefreiheit tatsächlich befördert worden. Aber erst die
Zuwächse der bäuerlichen Einkommen, aufgrund der Agrarkonjunktur
seit 1830 und der nun auf breiter Front voranschreitenden „Entfeudali-

> Zunahme des Landhandwerks in Ostelbien

sierung" der bäuerlichen Wirtschaftsweise, ermöglichten eine Nachfragesteigerung nach gewerblichen Produkten von Seiten des Agrarsektors, mithin jene von den Reformern gewollte Anhebung des gesamtwirtschaftlichen Niveaus. Eine Herausbildung verdichteter, exportorientierter Gewerberegionen nach dem Vorbild Sachsens und der Rheinlande fand aber nicht statt.

Städtisches Handwerk und Gewerbereformen   Die mittel- und langfristigen wirtschaftlichen und sozialen Auswirkungen der Gewerbefreiheit auf das städtische Handwerk waren weitaus geringer. Obwohl die Masse der städtischen Handwerker in Preußen und den anderen deutschen Staaten in der Gewerbefreiheit den eigentlichen Feind, die zentrale Bedrohung des „alten Handwerks" als tradierte Wirtschaftsweise und Lebensform sah, verstärkte die Gewerbefreiheit die bereits seit langem vorhandenen Krisenelemente der Handwerkswirtschaft – Übersetzung der Berufe, Flucht in die Selbständigkeit, Klein- und Alleinmeisterelend – nicht oder nur unwesentlich. In Wirklichkeit waren die Unterschiede zwischen den Geltungsbereichen der unbedingten Gewerbefreiheit (v. a. Preußen und linksrheinische Pfalz) und der großen Mehrheit der deutschen Staaten, die sich zu einer Politik der „kleinen Schritte", zu einer „bedingten Gewerbefreiheit" unter Beibehaltung eines stark abgeschwächten Zunftsystems entschlossen, eher gering. Im Gegensatz zum Agrarsektor zeigte auch die dogmatische preußische Politik eine erstaunlich geringe „Eindringtiefe" in die handwerkliche Wirtschaftsweise, entzogen sich deren Betriebsführung, deren „ungeschriebene Gesetze" und Ausbildungsprozesse auf eigentümliche Weise den staatlichen Entregelungsansprüchen. Die rasante Bevölkerungszunahme und die Wechsellagen des allgemeinen wirtschaftlichen Wachstums waren daher für die Entwicklung insbesonders des städtischen Handwerks wichtiger als die Unterschiede der staatlichen Gewerbepolitik.

Kohärenz der Wirtschaftspolitik   Für die süddeutschen Staaten, die mitteldeutschen Kleinstaaten und Sachsen kann man hinsichtlich der Agrarreformen und der Zurückdrängung des Zunftsystems von einer autonomen staatlichen Wirtschaftspolitik mit eigenständigen wirtschaftspolitischen Zielen bis in die 1830er, teilweise sogar 1840er Jahre, eigentlich nicht sprechen. Zu dominant waren andere Motive wie Staatsintegration, Schuldentilgung, Rechtspolitik, Entlastung der Gemeindekassen von der Armenfürsorge und sonstige politische Rücksichtnahmen. Für Preußen lässt sich dagegen eine relativ systematische Wirtschaftspolitik konstatieren, die durchaus Züge einer angebotsorientierten Wachstumspolitik trug. Ein integraler Bestandteil dieser systematischen Wirtschaftspolitik im Anschluss an Adam Smith war die Reformierung des Handels- und Zoll-

Freier Handel und „natürlich" begrenztes Wachstum

wesens, die erst mit dem Zollgesetz von 1818, mithin nach der eigentlichen Reformära, ihren Abschluss fand. Mehr noch als die Entfesselung der Agrarwirtschaft und der gewerblichen Produktion in Land und Stadt sollte die „Leichtigkeit des Handels und die Freiheit des Verkehrs", wie es in einer Regierungsinstruktion von 1808 hieß, zu einer Anhebung des allgemeinen Wirtschaftsniveaus führen. Mit der Aufhebung aller Binnenzölle, Akzisen, Bannrechte usw. und der Errichtung einer einheitlichen, am Freihandel orientierten Außenzollgrenze sollte ein gesamtwirtschaftliches und zugleich „natürlich" begrenztes Wachstum institutionalisiert werden. Gewerbefreiheit und Freihandel waren im Denken preußischer Reformbeamter untrennbar miteinander verknüpft. Freihandel sollte nicht nur als Katalysator, als Beschleuniger der agrarischen und gewerblichen Produktion dienen, sondern auch eine „natürliche" interregionale und internationale Arbeitsteilung nach den Kriterien des relativen Kostenvorteils entstehen lassen. In einer so gedachten Welt war kein Platz mehr für die durch Zölle und Monopole geschützten „Treibhausindustrien" des Merkantilismus, aber sehr viel Platz für eine kostengünstig arbeitende, exportorientierte Landwirtschaft. Zwar wollten die preußischen Staatsbeamten einen Prozess bereits kompensationslos gedachten Wirtschaftswachstums forcieren, aber dieses Wachstum hatte für sie doch noch quasi-natürliche Grenzen, die es pragmatisch unter den regulierenden Bedingungen von Freihandel auszuloten galt. Nur in diesem Rahmen traten sie für ein Wachstum der Gewerbe ein. Das Gewerbe sollte keinesfalls zum Führungssektor der Gesellschaft werden, der Primat der Landwirtschaft stand außer Frage.

Untergeordnete Bedeutung der Gewerbe

Die staatliche Gesetzgebung in der Reformära war bedeutend, aber nur ein Faktor, der in seiner unmittelbaren Wirkung andere Faktoren wie das Bevölkerungswachstum und die seit dem 18. Jahrhundert erkennbar schneller werdenden Prozesse der Marktintegration, der Erhöhung der Arbeitsproduktivität und der Kaufkraft ergänzte. Insbesondere die preußischen Reformen haben den Aufbau eines der Marktwirtschaft angepassten institutionellen Rahmens beschleunigt und somit zusätzliche Wachstumschancen eröffnet. Sind in einer Wirtschaft aber nicht schon die ökonomischen und gesellschaftlichen Bedingungen für einen anhaltenden Wachstumsprozess gegeben, so kann auch die Schaffung eines neuen ordnungspolitischen Rahmens durch den Staat aus sich heraus keinen Wachstumsprozess in Gang setzen. Der Staat hat mithin nicht die kapitalistische Marktwirtschaft bzw. „Wachstumsökonomie" installiert, aber seine Reformgesetze waren doch mehr als die Legalisierung bereits bestehender Zustände.

Staat als nur ein Faktor des Wandels

2.3 Zollpolitik und Neuordnung der Finanzverfassung

Reform des Zoll-
wesens in Preußen

Erste gründliche Reformen des Zollwesens gelangen den Rheinbund-Mittelstaaten. Bayern (1807), Württemberg (1808) und Baden (1812) gaben sich neue Zollordnungen ohne Binnenzolllinien und mit einheitlichen Außenzöllen. Nachdem politische Bestrebungen, einen einheitlichen Grenzzoll für den Deutschen Bund einzuführen, rasch scheiterten, wurden aber die Reform des Zollwesens und die Neuorientierung der Handelspolitik in Preußen maßgebend für die weitere Entwicklung in Deutschland. Das Zollgesetz von 1818 enthielt keinerlei Einfuhrverbote. Die Einfuhr von Rohstoffen blieb von Abgaben befreit. Der Zoll auf ausländische Fertig- und Halbfertigwaren sollte 10 Prozent des Warenwertes nicht überschreiten. Bei Kolonial- und Luxuswaren lag der Abgabesatz aus fiskalischen Gründen aber bei 30 Prozent und darüber. Das Gesetz erleichterte außerdem die Zollerhebung, da die Abgaben nicht mehr nach dem geschätzten Wert der Importgüter, sondern nach dem Bruttogewicht der Waren erhoben wurden.

Hinter den freihändlerischen Absichten des preußischen Zollgesetzes blieb die Praxis aber zunehmend zurück, denn der Gewichtszoll brachte es mit sich, dass sich der Zollschutz infolge sinkender Preise und leichterer Produkte in den 1820er Jahren spürbar erhöhte. Baumwollwaren wurden schon bald durch einen Schutzzoll von 40 Prozent und mehr vor ausländischer Konkurrenz geschützt. Die preußische Regierung, die seit 1820 eine Korrektur ihrer Gewerbepolitik betrieb, nahm diese Entwicklung offenbar bewusst hin. Daher wurde das preu-

Tragfähiger Inte-
ressenausgleich

ßische Zollsystem zu einem tragfähigen Kompromiss zwischen den Interessen der am Freihandel orientierten Landwirtschaft sowie des Großhandels und der eher auf Zollschutz bedachten gewerblichen Wirtschaft. Dieser Kompromiss legte wichtige Grundlagen für die spätere preußische Führungsrolle bei der zollpolitischen Einigung Deutschlands, die ähnliche interessenpolitische Probleme aufwarf.

Fiskalischer Erfolg

Aufgrund der gezielt hohen Zölle auf Kaffee, Tabak, Wein und Zucker, die 1831 79 Prozent der Eingangsabgaben erbrachten, wurde das Zollgesetz ein großer fiskalischer Erfolg. Für die kleineren Staaten, die sich nach 1828 (Hessen-Darmstadt, Kurhessen 1831) an das preußische Zollsystem anschlossen, war die Zollunion daher finanziell überaus attraktiv. Während die Verwaltungskosten für die Zollerhebung sanken, stiegen ihre Nettoeinkünfte, die nach der Höhe der Einwohnerzahl auf die Mitgliedsstaaten umgelegt wurden, stark an. 1833 schlos-

Gründung des
Deutschen Zoll-
vereins 1834

sen der preußisch-hessische und der separat gegründete bayerisch-württembergische Zollverein, schließlich das Königreich Sachsen und die thüringischen Staaten Zollverträge ab, die auf die Gründung des Deutschen Zollvereins zum 1. Januar 1834 hinausliefen. Während Baden, Nassau und Frankfurt nach kurzem Zögern 1835/36 beitraten, blieben die nordwestdeutschen Staaten und Hansestädte, die an einem möglichst zollfreien Handel mit Großbritannien interessiert waren, für zwei, teilweise drei Jahrzehnte und mehr außerhalb des Vereins. 1837 bildete der Zollverein, dessen Tarifsätze weitgehend den preußischen von 1818 entsprachen, aber immerhin eine Freihandelszone von 26 Millionen Einwohnern. Trotz erheblicher Konflikte in den 1850er und 60er Jahren, bei gleichzeitig wachsender Zahl der Mitgliedstaaten, hatte der Zollverein bis zur Gründung des Deutschen Reiches 1871, das seine Funktion übernahm, Bestand.

Die Attraktivität des Zollvereins für die deutschen Klein- und Mittelstaaten, die ihren Beitritt teilweise gegen die Bedenken ihrer gewerblichen Unternehmerschaft erklärten, lag bis über die Mitte der 1830er Jahre hinaus in den großen Vorteilen für die Finanzwirtschaft und Innenpolitik der Regierungen. Dann gewann der Verein als wirtschaftlicher Großraum ein starkes Eigengewicht. Auch in den Klein- und Mittelstaaten vollzog sich während der ersten Hälfte des 19. Jahrhunderts der Übergang zur staatlichen Steuerwirtschaft, die zu einem Teil auf Zöllen beruhte. Sowohl in den Staaten ohne Parlament als auch in den südwestdeutschen Verfassungsstaaten, in denen die Regierungen durch autonome Einkünfte das Budgetrecht der Landtage abschwächen wollte, gab es ein großes Interesse an wachsenden öffentlichen Einnahmen. Durch neue Staatsaufgaben im Gefolge der „inneren Staatsbildung" entstand ein Zugzwang zum Aufbau eines tragfähigen Abgabensystems, das die Steuern (einschließlich Zölle) gegenüber allen Einkünften aus Domänen und Regalien aufwertete.

Das Steuersystem aller größeren Staaten im Deutschen Bund zeichnete sich – im Anschluss an die Neuordnung der Finanzverfassungen in Bayern und Preußen – durch drei prägende Merkmale aus: Es basierte erstens auf einer je nach Staat unterschiedlich großen Anzahl von indirekten Konsumsteuern (bzw. Zöllen oder Regieeinkünften) auf Tabak, Zucker, Salz, Branntwein, Bier usw., sodann zweitens auf direkten Ertragssteuern auf Grund und Boden, Gebäuden (auch Gewerbebetrieben) und drittens auf einer sehr niedrig bemessenen Einkommensteuer. Sie war in allen deutschen Staaten eher eine Personalsteuer, deren Bemessungsgrundlage nur andeutungsweise etwas mit dem Einkommen oder gar der jährlichen Einkommenssteigerung der Steuerzahler zu tun hatte. Auch der Erhebungsmodus der direkten Ertragssteuern richtete sich nach langfristig festgelegten Eigenschaften,

Attraktivität des Zollvereins

Übergang zur Steuerwirtschaft

Grundlagen staatlicher Steuerwirtschaft

die unveränderlich an den Steuerquellen hafteten. Diese vormodernen Kriterien der Steuererhebung förderten die Bildung privater Vermögen im Wirtschaftsbürgertum in einer sich mit zunehmender Dynamik entwickelnden „Wachstumsökonomie" erheblich. Beim Gesamtsteueraufkommen überwogen in allen deutschen Staaten die indirekten Steuern. Sie wuchsen bis zur Reichsgründung außerdem aufgrund des Bevölkerungswachstums weit stärker und rascher an als die direkten Steuern. Beide Steuerarten verhielten sich auf dem Gebiet des späteren Deutschen Reiches in den 1860er Jahren im Durchschnitt wie 60:40.

Staatshaushalt und Staatsausgaben

Der Umfang der Einnahmen und Ausgaben aller deutschen Staaten lässt sich für die erste Hälfte des 19. Jahrhunderts nicht genau rekonstruieren. Nur die süddeutschen Verfassungsstaaten haben seit 1820 regelmäßig Staatshaushaltsrechnungen vorgelegt. Für die meisten größeren Staaten lassen sich dennoch grob folgende Entwicklungen konstatieren: Die Staatsausgaben wuchsen nur mäßig an, die Staatsausgaben pro Kopf der Bevölkerung stagnierten, während die Staatsausgaben pro Kopf berechnet auf die zivilen Staatsaufgaben anstiegen (Preußen 1821/1847: 1,38 Taler auf 1,76 Taler; Baden 1820/1845: 3,38 Gulden auf 3,78 Gulden). Das spiegelt die Umschichtung der Haushaltsmittel hin zu neuen Staatsaufgaben wider: Während die Etats für Hofhaltung, allgemeine Verwaltung und Militär stagnierten oder gar zurückgingen, wuchsen die Ausgaben für Justiz-, Bildungs- und Gesundheitswesen sowie für den Bereich Handel, Gewerbe und Verkehr überdurchschnittlich an. Der Großteil der staatlichen Gelder im letztgenannten Bereich floss dabei in Aufbau und Erhalt einer Verkehrsinfrastruktur (v. a. Straßenbau). Der Staat konsolidierte sich im Inneren, die Staatsbürokratie wurde dichter. Sie entwickelte sich zu einem zunehmend gewichtigeren Machtfaktor.

Bis Mitte der 1840er Jahre gab die öffentliche Finanzwirtschaft der deutschen Staaten und ihrer Gemeinden aber keine entscheidenden Impulse für eine kräftige wirtschaftliche Entwicklung, wenn man auch die Investitionen im Bildungsbereich und im Straßenbau nicht völlig vernachlässigen darf.

2.4 Staatliche Gewerbeförderung nach 1820

Die in der Reformbürokratie Preußens gehegte Hoffnung auf eine rasche, belebende Wirkung der Gewerbefreiheit auf die Wirtschaft erfüllte sich nicht. Im Gegenteil: Es entwickelte sich eine veritable Nachkriegskrise, die durch die Aufhebung der von Napoleon verhängten „Kontinentalsperre" sowie durch Missernten in der mitteleuropäischen

Landwirtschaft noch verschärft wurde. Die meisten Unternehmer scheuten bei schlecht beurteilten Marktchancen die hohen Kapitalkosten für die Anschaffung von neuen Maschinen und zeigten sich bisweilen nicht einmal über den neuesten Stand der technischen Entwicklung unterrichtet. Daher kam es in den Jahren zwischen 1818 und 1820 zu einer deutlichen Akzentverschiebung der preußischen Wirtschaftspolitik. Man entschloss sich zur Neuauflage einer staatlichen Gewerbeförderung, die durch Methoden, deren merkantilistischer Charakter häufig nicht zu leugnen war, die Privatwirtschaft zu einem adäquaten Agieren in einer liberalen Konkurrenzwirtschaft „erziehen" sollte. Im Zentrum dieser bewusst nur flankierend gedachten Gewerbeförderung stand von 1818 ab Peter Christian Beuth (1781–1853), der über lange Jahre bis 1845 die Abteilung für Handel und Gewerbe leitete, die entweder dem Finanz- oder dem Innenministerium unterstellt blieb. 1819 wurde Beuth zum Direktor der schon länger existierenden „Technischen Deputation für Gewerbe" ernannt. Um engeren Kontakt mit gewerblichen Unternehmern zu erhalten, stiftete Beuth 1821 den „Verein zu Beförderung des Gewerbefleißes". Im selben Jahr eröffnete Beuth außerdem eine Fachschule für angehende Werkmeister und Fabrikanten in Berlin, das später sehr angesehene „Gewerbe-Institut" (1827). Die „Technische Deputation" hatte im preußischen Programm der Gewerbeförderung die Aufgabe, die technische Entwicklung vor allem im fortgeschrittenen westlichen Ausland zu verfolgen. Der „Verein zur Beförderung des Gewerbefleißes" sollte das Interesse an Technik und rationeller Betriebsführung in den Fabrikanten- und Kaufmannskreisen wecken. Der Verein und seine Zeitschrift sollten dem Wirtschaftsbürgertum nicht zuletzt bewusst machen, dass die „Zeit des alten Schlendrians" – wie man es im Rückblick auf das Ancien Régime nannte –, der gemächlichen Konkurrenz und der hohen Gewinnspannen endgültig vorbei sei. Mit anderer Stoßrichtung, auf die heranwachsende Generation zielend, sollte das von Beuth initiierte Gewerbeschulwesen die Entwicklung von Technik und Wissenschaft an zukünftige Mechaniker, Fabrikantensöhne usw. vermitteln. Die von Beuth geleitete „Abteilung für Handel und Gewerbe" übernahm zumeist die praktische Umsetzung der von der „Technischen Deputation", etwa durch Auslandsreisen oder bezahlte ausländische Agenten gewonnenen Erkenntnisse. Sie kaufte neuartige Maschinen an, ließ Kopien davon anfertigen und verschenkte diese an als besonders tüchtig geltende Unternehmer mit der Auflage, „Fabrikanten des Inlandes, welche die Behörde ... zuweist, von den Maschinen, ihrem Betrieb und ihren Leistungen Kenntnis nehmen zu lassen" (1839, Beuth an von Metternich). Das rückständige Textilgewerbe

Gewerbeförderung in Preußen

Das „System Beuth"

Einflussnahme auf Wirtschaftsmentalität

Technische Ausbildung

Maschinenschenkungen mit Vorbildcharakter

Schlesiens war ein besonderes Ziel der Beuthschen Förderung durch einzelne Mustermaschinen oder ganze „Maschinen-Spinn-Assortimente". Im Zeitraum von 1818 bis 1837 wurden insgesamt 110 000 Taler an Staatszuschüssen, v. a. in Form von Maschinenschenkungen, für die niederschlesische Maschinenspinnerei gewährt. Maximal standen Beuth für alle Provinzen jährlich 100 000 Taler aus dem sog. Fonds für gewerbliche Zwecke zur Verfügung. In vielen Jahren brauchte Beuth allein 30 000 Taler, mithin ein Drittel der Summe, um Prototypen und Modelle von neuen Maschinen aus England oder gar Amerika herbeischaffen zu können. Darüber hinaus musste er aus diesem Fonds noch zahlreiche Preise und Prämien als staatliche Anerkennung für innovative Unternehmer und Techniker und die Vorbereitung und Durchführung von Gewerbeausstellungen bezahlen.

Insgesamt waren die staatlichen Ausgaben für den Bereich Handel und Gewerbe und öffentliche Arbeiten nicht besonders umfangreich. Sie betrugen im Jahre 1821 in Preußen etwas über 1,5 Millionen Taler, i. e. 3,1 Prozent des Staatshaushalts und zwanzig Jahre später 4,43 Millionen Taler, i. e. 7,5 Prozent des Staatshaushalts, wobei der Löwenanteil der Ausgaben in den öffentlichen Straßenbau floss. Mit diesen Mitteln konnte man – unterstellt, die historischen Akteure hätten es gewollt – keine planvolle Industrialisierungspolitik betreiben, sondern allenfalls gezielte Einzelförderung leisten und das Interesse des Staates an einem hohen technischen Niveau der Gewerbe dokumentieren. Die auf Gewerbefreiheit und ein durch Freihandel „natürlich" begrenztes Wachstum zielende preußische Wirtschaftspolitik war aber keine groß angelegte Industrialisierungsstrategie. Zwar setzte Beuth nicht mehr nur auf die Ausbreitung von ländlichen Heimgewerben, sondern bereits auf Maschinen, die für ihn als „Wunder der Mechanik" einen hohen ästhetischen Eigenwert besaßen. Sein Verständnis von Entfaltung der Industrie blieb jedoch auf die technische „Vervollkommnung" einzelner Produktionszweige begrenzt. Beuths Ideal war

die in einem „gesunden" agrarischen Umfeld eingebettete Fabrik – nicht wie in England in schmutzigen Großstädten zusammengeballt – als ein die Antike übertreffendes, Unternehmer wie Arbeiter moralisch erhebendes Kunstwerk. Dem Eisenbahnbau stand er lange Zeit ablehnend, dann gleichgültig gegenüber.

Das Königreich Sachsen, der neben Preußen am stärksten gewerblich-industriell entwickelte deutsche Staat, setzte nach 1827 – mit beinahe zehnjähriger Verspätung – erkennbar auf die Nachahmung der Beuthschen Gewerbeförderungspraxis. Seit 1798 hatte die Dresdener Regierung durch gezielte Förderung im alten merkantilistischen Stil zur raschen Etablierung der mechanischen Baumwollspinnerei im Lande beigetragen. Nach Aufhebung der Kontinentalsperre gingen viele dieser kleinen, technisch mangelhaften Betriebe aber wieder ein und der sächsische Staat verlor das Interesse an einer besonderen Förderung der Baumwollspinnerei. Mehr noch: In Abkehr von tradierten merkantilistischen Denkmustern gewann – durchaus typisch auch für andere Staaten im Deutschen Bund – ein modisches wirtschaftsliberales Credo in der Dresdener Bürokratie an Einfluss, das sich in einer weitgehenden Zurückhaltung des Staates in Wirtschaftsfragen niederschlug, ohne aber eine konsequente gewerbefreiheitliche oder zollpolitische Reformgesetzgebung nach sich zu ziehen. Zwar bestand die ehrwürdige, 1764 (!) reformierte „Kommerzien-Deputation" fort, aber ihre Aufgaben lagen wesentlich in der Vorbereitung und mäßigen Belohnung von Preisausschreiben, die den Erfindungsgeist im technisch-gewerblichen Bereich anregen sollten sowie in der fachlichen Beratung der 1764 gegründeten „Prämienkasse". Diese vergab auf Antrag direkte, kurzfristige Überbrückungshilfen, Zinsbeihilfen und sonstige Unterstützungen an große und kleine Gewerbetreibende. In einem Zeitraum von 18 Jahren (1816–1832) betrugen ihre finanziellen Leistungen nur 52 127 Taler, d. h. ganze 3118 Taler jährlich! Erst nach 1827 gelangte eine Gruppe junger und fähiger Beamter um den späteren Reformminister Bernhard August von Lindenau (1779–1854) in wichtige Staatsämter, die eine Kurskorrektur in der Wirtschaftspolitik einleiteten.

Dem Beispiel des Beuthschen „Gewerbe-Instituts" folgten die Eröffnung der „Königlich Technischen Bildungsanstalt" 1828 in Dresden und einer Gewerbeschule in Chemnitz 1836. Der v. a. von Chemnitzer Fabrikanten und Kaufleuten gegründete „Industrieverein für das Königreich Sachsen" wurde Anfang 1829 von der Regierung bestätigt und sollte mehr oder weniger explizit dem Vorbild des preußischen „Vereins zur Beförderung des Gewerbefleißes" nacheifern. Vor allem aber wurden die Haushaltsmittel für die allgemeine Gewerbeförderung – auch für Maschinenschenkungen – erhöht und ein „Vorschuss-Fonds zur Belebung und Unterstützung der Industrie" eingerichtet. Dieser verfügte jedoch nur über 20 000 Taler für eine jeweils dreijährige Finanzperiode, von denen ca. 70 Prozent in das Textilgewerbe und ca. 20 Prozent in den Maschinenbau und die Metallherstellung flossen.

Obwohl der „Industrieverein" einige Regierungsmitglieder davon überzeugen konnte, dass für ein weiteres ökonomisches Wachstum „Fundamentalbranchen" wie die Maschinenbau- und die Eisenindustrie wegen der geringen Investitionsbereitschaft des wohlhabenden Bürger-

Nachahmung Preußens in Sachsen

tums offensiver vom Staat gefördert werden müssten, ging ein entsprechender parlamentarischer Vorstoß 1833 unter. Erst elf Jahre später wurde ein besonderer Fonds für das Eisenhüttenwesen eingerichtet, der allerdings über weniger als 20000 Taler verfügte. Seit 1827 betrieb mithin auch der sächsische Staat Gewerbeförderung, aber mit vergleichsweise noch geringeren Summen als in Preußen.

Bescheidene Mittel in Sachsen

Das Königreich Württemberg ist ein Beispiel für eine Reihe deutscher Mittel- und Kleinstaaten, deren gewerblich-industrielle Entwicklung deutlich geringer ausgeprägt war als in Preußen oder Sachsen und deren Gewerbeförderung vergleichsweise spät und bescheiden einsetzte. Die Dominanz der Agrarwirtschaft war um 1815 in diesem Königreich noch so groß, dass man die gewerblichen Belange weitgehend der Zentralstelle des landwirtschaftlichen Vereins überließ. Der Staat lehnte eine finanzielle Unterstützung von Großbetrieben teils mit dem Hinweis auf die frühere, häufig nutzlose Manufakturpolitik Herzog Karl Eugens, teils mit dem Hinweis auf seine immense Schuldenlast kategorisch ab. 1830 wurde als Selbsthilfe des „Gewerbstandes" mangels einer funktionierenden staatlichen Behörde eine „Gesellschaft zur Beförderung der Gewerbe" nach preußischem Vorbild gegründet. Sie entfaltete als beratende und gutachterliche Institution, die schließlich geringe Zuschüsse aus dem Staatshaushalt erhielt, eine offenbar rege Tätigkeit. Ihrem Einfluss wird es zugeschrieben, dass die staatlichen Ausgaben für Gewerbeförderung langsam anstiegen. Betrug das Volumen staatlicher Kredite für die gewerbliche Wirtschaft im Zeitraum von 1817 bis 1834 lächerliche 66000 Gulden, so stieg die Kreditsumme bis 1848 auf knapp über eine Million Gulden. Dieser Gesamtbetrag war nur unwesentlich höher als die jährlichen Ausgaben für die Zivilliste und sonstige Apanagen. Erst im Revolutionsjahr 1848 wurde auf Druck einflussreicher Fabrikanten und Kaufleute die „Centralstelle für Gewerbe und Handel" unter Leitung von Ferdinand Steinbeis als staatliche Behörde gegründet. Während vor 1848 überwiegend Darlehen an einzelne Gewerbetreibende vergeben wurden, wobei viele unsolide Projekte gefördert wurden oder der Bankrott kleiner Handwerksbetriebe nur hinausgezögert wurde, setzte Steinbeis, keineswegs originell, auf indirekte Förderungsmaßnahmen, die eine größere Breitenwirkung entfalten sollten: Ausbildungsförderung, Technologietransfer sowie zusätzlich „Exportmarketing".

Gewerbeförderung in Württemberg

Systematische Gewerbeförderung erst 1848

2.5 Der preußische Staat als Eigentümer und unternehmerischer Leiter von Wirtschaftsbetrieben

Stärker als über die Beuthsche Gewerbeförderung übte der preußische Staat auf die allgemeine Wirtschaftsentwicklung bis zur Jahrhundertmitte durch die Aufrechterhaltung des merkantilistischen Dirigismus im Bergbau und den Ausbau staatlicher Eigenbetriebe im Montanbereich sowie durch die „Königliche Seehandlung" aus. Diese Einflussnahme zeigte keineswegs nur positive Wirkungen. Für den Bergbau ist davon auszugehen, dass die zähe Verteidigung des sog. Direktionsprinzips dessen Wachstumschancen seit Mitte der 1830er Jahre nicht voll zur Geltung kommen ließ. Die Machtfülle der preußischen Bergbaubürokratie und der Umfang, in dem der preußische Staat als Unternehmer agierte, sind im Vergleich zu den anderen Staaten, die später das Deutsche Reich bildeten, einzigartig. Erst durch den Bau und Betrieb von Staatsbahnen traten auch andere deutsche Staaten über die tradierten Wirtschaftstätigkeiten – Porzellanmanufakturen, Salinen, Domänen, Staatsforsten usw. – hinaus in verstärktem Maße als Unternehmer auf.

Die „Königliche Seehandlung" war bereits 1772 gegründet worden. Seit den 1790er Jahren wandelte sich die „Seehandlung" aber immer mehr von einer quasi-staatlichen Handelskompagnie zu einem Finanzinstitut zur Unterbringung preußischer Staatsanleihen. Nach den napoleonischen Kriegen wurden die finanzpolitische Erfahrung und die Kreditfähigkeit der „Seehandlung" vor allem genutzt, um die sog. Staatsschuldenverordnung von 1820 zu umgehen, in der sich der preußische Staat expressis verbis verpflichtet hatte, die Aufnahmen von Krediten zukünftig von der „Zustimmung und (…) Mitgarantie der künftigen reichsständischen Versammlung" abhängig zu machen. Da die erstarkenden konservativen Kräfte in Berlin spätestens seit dem Tod des liberalen Staatskanzlers von Hardenberg 1822 überhaupt nicht mehr daran dachten, ein gesamtstaatliches „Parlament" einzuberufen, wurde über die „Seehandlung" ein verdeckter Nebenhaushalt etabliert. Die „Seehandlung" fungierte fortan als Kreditnehmer privater, v. a. ausländischer Banken, um diese Gelder am offiziellen Staatshaushalt vorbei u. a. auch in den preußischen Straßenbau und seit 1830 in eigene Fabrikanlagen zu investieren.

Die „Seehandlung" und ihre Unternehmen

In den 1820er Jahren vergab die „Seehandlung" zahlreiche Kredite an private Unternehmen und beteiligte sich schließlich häufig an diesen, um ihre Kredite abzusichern. In den Jahren ab 1830 bis 1845 übernahm oder gründete – als neue Strategie – die „Seehandlung" dann vierzehn Spinnereien, Webereien und Maschinenfabriken, mehrere moderne dampfgetriebene Mühlenbetriebe und Papierfabriken sowie die Chemische Fabrik Oranienburg. Darüber hinaus trat sie in verschiedene große Privatbetriebe als Gesellschafter ein. Neben dem Großraum Berlin war das verarmte Niederschlesien ein Zentrum ihrer Aktivitäten. In den westlichen Provinzen hielt sie sich dagegen völlig zurück. Erst 1845 beteiligte sie sich an einer Gussfabrik für Schneidwaren in der Nähe von Solingen. Die „Seehandlung" wurde rasch zum mit Abstand

Größtes Unternehmen in Preußen

größten Gewerbetreibenden in Preußen mit einem in Fabriken und Warenbestand investierten Kapital von fast 10 Millionen Talern im Jahre 1847 – sehr zum Ärger selbstbewusst werdender Unternehmer, die in der „Seehandlung" nun einen lästigen Konkurrenten sahen. Die „Seehandlung" tätigte im Zeitraum von 1830 bis 1848 immerhin 9,6 Prozent der industriellen Nettoinvestitionen Preußens. Zusammen mit den massiven Investitionen der Bergbaubehörden in staatseigene neue Puddel-Werke und Hochöfen in Schlesien und an der Saar sowie der preußischen Armee in moderne Gewehrfabriken und Pulvermühlen wurde da-

Steigender Staatsanteil an Industrieinvestitionen

durch der Staatsanteil an den industriellen Nettoinvestitionen von ca. 4 bis 5 Prozent zu Beginn der 1820er Jahre auf durchschnittlich 11 bis 12 Prozent im Zeitraum von 1830 bis 1848 gesteigert (Brose). In den letzten Jahren vor der Revolution lag er bei 17 Prozent.

Staatsrat Christian Rother (1778–1849), der unumschränkte Leiter der „Seehandlung" von 1818 bis 1848, verfolgte einen völlig anderen wirtschaftspolitischen Ansatz als die Beuthsche Gewerbeförderung „mit merkantilistischen Mitteln im liberalen Geiste" (Mieck). Rothers Fabriken, einschließlich ihrer mustergültigen Sozialleistungen, sollten der privaten Unternehmerschaft zwar auch als Vorbild und Ansporn

Staatliche Einflusssicherung als Ziel

dienen, aber dem Staat zugleich eine gewichtige Position in der Wirtschaft sichern. Dass Rother und die ihn stützenden konservativen Kreise der Berliner Machtelite an einem dauerhaft einflussreichen, staatlich kontrollierten Sektor in der Gewerbewirtschaft und nicht nur an staatlichen Anschubinvestitionen interessiert waren, zeigt die Tatsache, dass trotz zahlreicher Absichtserklärungen selbst die florierenden Seehandlungsunternehmen – die Textilfabriken arbeiteten bis zur Mitte der 1840er Jahre meist defizitär – bis zur Revolution niemals an Privatleute verkauft wurden.

Kein systematischer industrieller Ausbau

Eine Konzeption eines systematischen industriellen Ausbaus der preußischen Wirtschaft ist bei Rother nicht zu erkennen. Klar handlungsleitend war dagegen die sozialpolitisch motivierte Absicht, in der Notstandsregion Niederschlesien zumindest für einen Teil der Bevölkerung moderne, konkurrenzfähige Arbeitsplätze (ca. 10 000) zu erhalten.

Rother, der seit seiner zusätzlichen Berufung zum Direktor der „Königlichen Bank" 1837 als einer der einflussreichsten Männer in Berlin galt – „der wahre Dirigent des preußischen Finanzwesens" (Radtke) – verhinderte bis zu seiner Ablösung im März 1848 eine grundlegende Modernisierung des Banken- und Kreditsektors. Mehr noch als dem König war Rother der Aufstieg einer eigenständigen „bürgerlichen Geldmacht" durch Banken auf Aktienbasis suspekt. Rothers Machtstellung wurde 1845 erstmals erschüttert, als ihm König Friedrich Wilhelm IV. – wegen mangelnder Liquidität der sich in den Investitionen verzettelnden „Seehandlung" – die Gründung weiterer gewerblicher Unternehmungen untersagte.

Zumindest ein Teil der Reformbeamten strebte zu Beginn des 19. Jahrhunderts auch eine Liberalisierung, d. h. Deregulierung des preußischen Bergbaus an. Schließlich blieb dieser aber dezidiert von der Reformgesetzgebung ausgeschlossen. Auch außerhalb des umfangreichen staatlichen Grubenbesitzes an der Saar und in Schlesien hielt Preußen an der etatistischen Lenkung („Direktionsprinzip") der Bergbaubetriebe fest. Beamte leiteten die allgemeine Kapazitätsplanung und die Preisbildung, schrieben Fördertechniken und Sicherheitsstandards vor, regelten die Arbeitsverhältnisse und kontrollierten die Leistungen der Knappschaftskassen – sehr zum Vorteil der großen Mehrheit der Bergarbeiter. Die meisten Bergbeamten glaubten vom traditionellen System staatlicher Bevormundung auch deshalb nicht abgehen zu können, weil die Nutzung des Bergeigentums – vom Staat nur bedingt „verliehen" – mit den sonstigen Gewerben nicht vergleichbar sei und der Staat wegen des hohen, nicht wieder ersetzbaren Wertes der Mineralien im öffentlichen Interesse sowie im Interesse künftiger Generationen (Nachhaltigkeit) auf einen Raubbau verhindernden, sachgemäßen Abbau hinwirken müsse. Dieser schien ihnen insbesondere im Kohlebergbau an der Ruhr nicht gesichert, da die Masse der Grubenbesitzer aus kleinen Anteilseignern (Kuxenbesitzer) bestand, die kaum über fachliche Vorbildung verfügten. Tatsächlich arrangierten sich die Kuxenbesitzer mit dem System behördlicher Bevormundung. Unternehmerische Qualitäten zeigten dagegen aus dem Kohlehandel in die Produktion eindringende Kaufleute wie Franz Haniel und Matthias Stinnes, die auf Betrieb und Absatz ihrer vergleichsweise großen Zechen stärkeren Einfluss zu gewinnen suchten und auf eine angebotsorientierte Kohleförderung nach englischem Muster ohne Mengen- und Preisfestsetzung drängten. Von ihnen gingen Vorstöße zur Reform des Bergrechts aus. Mehr als eine Aufweichung des „Direktionsprinzips" erreichten sie aber bis zur Revolution 1848/49 nicht.

Eindämmung „bürgerlicher Geldmacht"

Staatliche Lenkung des Bergbaus

Staat als Garant von „Nachhaltigkeit"

Kritik und Aufweichung des „Direktionsprinzips"

Bis in die 1830er Jahre kann man von positiven Wirkungen behördlicher Betriebsleitung und Absatzförderung ausgehen. Erst danach

wurde der staatliche Dirigismus vom aufstrebenden Wirtschaftsbürgertum als Blockade eigener ökonomischer Interessen und als ordnungs-
politische Provokation empfunden, obwohl die Fördermengen weiter
anstiegen und die Bergbaubehörden aus fiskalischen Gründen auch ein
Eigeninteresse an einer wachsenden Kohleförderung hatten. Offenbar
stieß aber die Produktionsorganisation des „Direktionsprinzips" v. a.
bei der technisch-organisatorischen Bewältigung dynamisch steigender
Fördermengen, bei der Betriebsführung und bei der Organisation des
Kapitalbedarfs an deutliche Grenzen.

2.6 Staatliche Infrastruktur-, Bank- und Börsenpolitik

Eine wichtige Rolle bei der Ermöglichung wirtschaftlichen Wachstums spielten die deutschen Staaten durch ihre Infrastrukturpolitik.
Alle deutschen Staaten haben zwischen 1815 und 1848 erhebliche Finanzmittel für den Ausbau von Staatsstraßen, die überall die große
Mehrheit der künstlich befestigten Allwetterstraßen (Chausseen) ausmachten, aufgebracht. Daneben wurden noch Kreis- und Gemeinde-
straßen mit öffentlichen Geldern angelegt. Besonders in den 1820er
Jahren bis 1835 erfolgte ein systematischer Ausbau der Chausseen um
mehr als 15 000 Kilometer. In wirtschaftlichen Krisenjahren wurde
Straßenbau in nahezu allen deutschen Staaten immer wieder auch als
gezielte staatliche oder gemeindliche Arbeitsbeschaffungsmaßnahme
betrieben. Von 1815 bis 1850 wandte allein der preußische Staat rund
45,7 Millionen Taler für Straßenbauten auf (ausführlich dazu dem-
nächst der EdG-Band „Handel und Verkehr im 19. Jahrhundert" von
K. H. Kaufhold).

Eine veritable Revolution des Transports und der infrastrukturellen Vernetzung erfolgte durch den Bau von Eisenbahnen seit 1835 nach
englischem Vorbild. Der Eisenbahnbau in den deutschen Staaten ver-
zeichnete zwischen 1841 und 1847 solch beachtliche Zuwachsraten,
dass er das Wachstum der Eisenbahnen in Großbritannien, Frankreich
oder Belgien übertraf. Nachdem sich der Eisenbahnbau bis 1840 – auch
aufgrund von Widerständen in den Staatsbürokratien – nur zögerlich
entwickelt hatte, wuchs die Streckenlänge bis zum Ende des Jahrzehnts
von 579 auf 7123 Kilometer an. Die jährlichen Nettoinvestitionen stiegen in den Boomjahren von 1841 bis 1846 von 7,5 Millionen Taler auf
59,2 Millionen Taler; ein Wert, der erst ein gutes Jahrzehnt später
wieder übertroffen wurde. Sie lagen damit bei 20 bis 30 Prozent der

gesamtwirtschaftlichen Nettoinvestitionen pro Jahr und überrundeten bereits die des Agrarsektors. Schon in jenen Jahren wurden die Grundlagen des industriellen Führungssektors aus Eisenbahnbau, Eisen- und Stahlindustrie, Kohlenbergbau und Maschinenbau gelegt, der die deutsche Industrialisierung so nachhaltig prägen sollte. Auch der Beschäftigungseffekt war enorm: Die Zahl der Beschäftigten im Eisenbahnsektor stieg von 1841 bis 1846 von 30 000 auf 178 000.

Industrieller Führungssektor entsteht

Es wäre aber falsch, den Zuwachs an Investitionen und Beschäftigung dem Engagement der deutschen Staaten im Eisenbahnbau zuzuschreiben. Bis 1846 stammten nur knapp 10 Prozent der Ausgaben für diesen direkt vom Staat, und nur etwa weitere 20 Prozent des Anlagekapitals in den privaten Eisenbahnaktiengesellschaften verfügten über eine staatliche Zinsgarantie (Fremdling). In einigen Staaten scheiterte – nach anfangs indifferenter Haltung – die Bewilligung der für eine Forcierung des Eisenbahnbaus notwendigen Staatsanleihen aus verfassungspolitischen Gründen. Preußen (Staatsschuldenverordnung von 1820) ist dafür ein prominentes Beispiel, aber auch in anderen Staaten spielte das eine Rolle. Nur wenige deutsche Mittelstaaten planten von Anfang an den Bau von Staatsbahnen, da sie eine Umgehung des eigenen Territoriums durch den schnelleren Bau im Nachbarstaat befürchteten. Meist gerieten die Staaten aber durch das Scheitern privater Projekte im Planungs-, und besonders im Baustadium in den Eisenbahnbau hinein.

Bis 1846 vornehmlich Privatbahnbau

Staat stützt Weiterbau

In Sachsen hatte die Regierung noch im Sommer 1845 geglaubt, eine drohende Stagnation des Bahnbaus durch Staatsbeteiligungen von maximal 25 Prozent abwenden zu können. Im Frühjahr 1847 sah sie sich gezwungen, eine außerordentliche Ständeversammlung einzuberufen, um den krisengeschüttelten sächsischen Eisenbahngesellschaften mit Millionen von Talern unter die Arme zu greifen oder sie direkt in Staatseigentum zu überführen. In den folgenden Jahren nahm der sächsische Staat Anleihen für den Bahnbau und die Übernahme von Bahngesellschaften in Höhe von 13 Millionen Talern auf – die regulären Staatseinnahmen eines Haushaltsjahres lagen in dieser Zeit in Sachsen bei ca. 10 Millionen Talern. Darüber hinaus wurden als zinsfreie Staatsverschuldung und Mittel der staatlichen Geldschöpfung 4 Millionen Taler durch die Ausgabe von sog. Eisenbahnkassenscheinen gewährt. Früher als in Preußen, das erst durch die Revolution von 1848 auch eine „Finanzrevolution" vollziehen konnte, zeichnete sich mithin in Sachsen – und zeitgleich bereits in einigen anderen Mittelstaaten – durch kräftige investive Staatsverschuldung eine Veränderung der Rolle des Staates im Verhältnis zur Wirtschaft ab.

Eisenbahnbau erzwingt neue Staatsfunktionen

Freilich überwogen nicht nur in Preußen in den Krisenjahren die nun deutlich sichtbar werdenden Mängel staatlicher Wirtschaftspolitik und eines antiquierten Finanzgebarens, das auf den enorm ansteigenden Geldbedarf im Zuge des einsetzenden industriellen Wachstums kaum Rücksicht genommen hatte. Diese schweren Defizite, v. a. bei der – die gestaltende Kraft des Staates fordernde – Herausbildung eines leistungsfähigen Bank-, Kredit- und Börsenwesens trugen erheblich zu der vormärzlichen „Legitimationskrise des Staates" (Wehler) in Deutschland bei. Zwar hatte sogar der preußische Staat seit 1842 seine wirtschafts- und finanzpolitischen Positionen zu modifizieren begonnen, aber die Resultate waren völlig unzureichend. So beschloss das Kabinett unter dem neuen König Friedrich Wilhelm IV. eine staatliche Zinsgarantie für alle im Bau befindlichen privaten Bahnlinien in Höhe von 3,5 Prozent sowie eine weitgehende Steuerbefreiung der Bahngesellschaften. Den u. a. durch diese Entscheidung mitverursachten Eisenbahnboom bremste die Regierung im Frühjahr 1844 aber dann – zum Nachteil der Konjunktur – durch eine restriktive Börsenverordnung abrupt wieder ab, weil die Umleitung der gesellschaftlichen Ersparnisse in den Eisenbahnsektor die Kreditaufnahme der Großgrundbesitzer verteuert hatte und die Kurse der Staatschuldscheine und Pfandbriefe in Mitleidenschaft zu ziehen begann.

Auch von einer den ökonomischen Erfordernissen angepassten Geldpolitik konnte weder in Preußen noch in den meisten anderen deutschen Staaten die Rede sein. Mit einer reinen Metallwährung war es faktisch unmöglich, die Geldmenge dem wirtschaftlichen Wachstum entsprechend schnell genug auszuweiten. Die Ausgabe von Banknoten wurde aber von den meisten deutschen Staaten stark begrenzt oder abgelehnt, da sie sich zur Errichtung kapitalstarker, leistungsfähiger staatlicher Notenbanken nicht imstande sahen und die – vom Wirtschaftsbürgertum eingeforderte – Gründung privater Notenbanken auf Aktienbasis als machtpolitische Herausforderung betrachteten. Zwar erfolgte in Preußen nach dem Zusammenbruch der Kreditmärkte zur Mitte der 1840er Jahre ein langsames Umdenken. Die aus der Königlichen Bank hervorgehende Preußische Bank verfolgte aber weiterhin eine im Ergebnis restriktive Geldpolitik, griff in die sich anbahnende Wirtschaftskrise 1847 kaum ein und ließ zu Beginn des Jahres 1848 bedeutende Unternehmen und Banken, v. a. in den Westprovinzen, faktisch zusammenbrechen.

2.7 Die Formierung privatwirtschaftlicher Interessen

Im frühen 19. Jahrhundert kamen zeitgleich mit der „Freisetzung" der gewerblichen Unternehmerwirtschaft durch den Staat erste Interessensorganisationen der Unternehmer auf. Erstens entstanden mit den Handelskammern öffentlich- rechtliche Organe. Zweitens bildeten sich mit den freien Verbänden staatsunabhängige Organisationen. Beide konkurrierten miteinander, ergänzten sich aber auch. Die Handelskammern waren französischen Ursprungs und ersetzten die in der Revolution 1791 aufgehobenen Kaufmannsgilden. In den linksrheinischen Gebieten des französischen Kaiserreichs wurden in den Jahren 1802 bis 1804 in Aachen, Köln, Krefeld und Gladbach Handelskammern eingerichtet. Mit der Angliederung dieser Gebiete 1814 an Preußen wurden diese Handelskammern, auf deren weitere Existenz das rheinische Wirtschaftsbürgertum nachdrücklich bestand, gewissermaßen „importiert". Die preußischen Handelskammern waren als unterste Instanz in den Behördenzug eingebunden, besaßen aber zugleich erhebliche Selbstverwaltungsrechte. Sie beruhten auf dem Prinzip der Pflichtmitgliedschaft. Zwar kam es immer wieder zu Konflikten zwischen Handelskammern und staatlicher Administration. Aber die Bürokratie konnte die Kammern zur Informationsbeschaffung und Übertragung von Verwaltungsaufgaben nutzen. Den Kaufleuten und Gewerbetreibenden gaben die Handelskammern eine Plattform zur Organisierung, Abwägung und Artikulation ihrer Interessen. Außerdem ermöglichten sie einen institutionalisierten Zugang zum politischen Entscheidungsprozess. Nach 1830 breiteten sich die Handelskammern auch im rechtsrheinischen Preußen aus und wurden durch das Handelskammergesetz von 1848 vereinheitlicht. Zwischen 1848 und 1870 kam es in vielen anderen deutschen Staaten zu einem Gründungsboom von Handelskammern nach preußischem Vorbild.

Öffentlich-rechtliche Handelskammern

Die staatsfreien Interessenverbände der Wirtschaft wuchsen dagegen aus dem bürgerlichen Vereinswesen hervor. Ein früher, bedeutender Interessenverband war der 1817 gegründete „Deutsche Handels- und Gewerbsverein". Er zielte auf die Schaffung eines zollfreien deutschen Binnenmarktes und einer gemeinsamen Außenzolllinie aller deutscher Staaten mit sehr hohen Zöllen. Die Generalversammlungen des ca. 2000 Mitglieder umfassenden Vereins fanden während der Frankfurter Messen statt. Der Verein war eher locker organisiert, besaß aber in Friedrich List (1789–1846) einen talentierten Geschäftsführer. Nach Scheitern und Auflösung des „Handels- und Gewerbsvereins" 1821 verlagerte sich die interessenpolitische Aktivität auf die Ebene

Staatsfreie Unternehmerverbände

der Einzelstaaten zurück. Erst seit den frühen 1840er Jahren kam es – ein Symptom für den Beginn eines neuen Verhältnisses von Staat und Wirtschaft – zu zahlreichen Gründungen unternehmerischer Interessenverbände, die sich dezidiert aus der Bevormundung der einzelstaatlichen Bürokratien, aus der Rollenverteilung Erzieher – Zögling zu lösen suchten. Es entstanden auch auf den Zollverein ausgerichtete Branchenverbände, wie etwa der erfolgreiche, Schutz vor Rohrzuckerimporten fordernde „Ausschuß für Rübenzuckerfabrikanten" (1841) oder der „Verein der Baumwoll-Fabrikanten des Zollvereins" (1841), der eine drastische Erhöhung des Zolls auf Baumwollgespinst auf seine Fahnen geschrieben hatte.

In den Revolutionsjahren 1848/49 kulminierte die Entwicklung Schutzzölle fordernder Verbände im „Allgemeinen deutschen Verein zum Schutz vaterländischer Arbeit" (September 1848). Er zielte bereits auf die Beeinflussung der Frankfurter Nationalversammlung und setzte mit einer öffentliches Aufsehen erregenden Petitionsbewegung für Schutzzölle (ca. 400000 Unterschriften) auf eine Taktik, die der neuartigen Fundamentalpolitisierung breiter Bevölkerungsschichten entsprach. Damit provozierte er aber die Gegengründung des „Vereins für Handelsfreiheit", in dem sich einflussreiche Großkaufleute und Bankiers v. a. aus Hamburg, Leipzig und Stettin zusammenschlossen. Die

Schutzzoll versus
Freihandel interessen-politische Konfrontation Schutzzoll versus Freihandel blieb unentschieden und die Aktivitäten der Vereine teilten das Schicksal der Revolution. Die Erfolglosigkeit der Interessenverbände auf nationaler Ebene darf freilich nicht den Blick dafür verstellen, dass in den Revolutionsjahren in großem Stil unternehmerische Interessen gegenüber dem Staat durchgesetzt wurden.

Unternehmerinteres-
sen im historischen
Wandel Neben den Formen der organisierten Interessenvertretung müssen daher diese Interessen selber und ihr Wandel in der Zeit betrachtet werden. Das soll am Beispiel des gut untersuchten – für Preußen freilich nur bedingt repräsentativen – Wirtschaftsbürgertums der preußischen Rheinprovinz geschehen: Bis etwa 1830 herrschte zwischen der Staatsbürokratie Preußens einerseits und Großkaufleuten, Verlegern und Fabrikanten der Rheinprovinz andererseits – trotz aller Differenzen im Einzelnen – der „Common sense", dass die Landwirtschaft die gesellschaftlich tragende und ökonomisch sichere Grundlage für eine nicht Konsens: begrenzte
Wachstumschancen übermäßig entwickelte gewerblich-industrielle Produktion sein sollte. Die zukünftigen Wachstumschancen schienen allen Beteiligten eher begrenzt. Die gemeinsame Prämisse blieb die Vorstellung nur begrenzt England kein
Vorbild ausweitbarer Konsumbedürfnisse, die durch den Handel „wegweisend" auszuloten seien. Wirtschaftsbürgern wie Staatsbeamten schien England noch in den 1820er Jahren als gewerblich überentwickelt, extrem krisenanfällig und von sozialen Unruhen gefährdet. Man wollte die englische Industrieentwicklung nur ganz partiell imitieren, sich die Vorzüge etwa der englischen Spinnerei ganz pragmatisch aneignen, ohne England insgesamt als Vorbild nachzueifern.

Für den Wandel im Verhältnis von Staat und Wirtschaft im Verlauf des Vormärz, für die Umkehrung der Dynamik vom Staat als vorwärtstreibendem Element der Veränderung in der Reformära nach 1806 zum Wirtschaftsbürgertum als dem dynamischen Faktor sind folgende wirtschafts- und ideengeschichtliche Entwicklungen von zentraler Bedeutung: Bedingt durch die guten Konjunkturjahre seit Mitte der 1830er Jahre, die kräftigen ökonomischen Impulse des beginnenden Eisenbahnbaus, die immer neuen Kohlefunde im Ruhrgebiet und die ungebrochen prosperierende, angebotsorientierte Wirtschaft in England, aber auch im benachbarten Belgien, begriffen sich immer mehr Wirtschaftsbürger als Teilnehmer an einem anhaltenden Wachstumsprozess. „Wo die Grenze der fortschreitenden Bewegung liege, kann nur die Zukunft enthüllen" – schrieb 1835 der Kölner Großkaufmann und preußische Ministerpräsident im Revolutionsjahr 1848 Ludolf Camphausen –, „allein wir sind berechtigt, den Stillstand in großer Ferne zu suchen".

Von der historisch neuartigen Erwartung eines unbegrenzten Wachstums zur vom Wirtschaftsbürgertum seit spätestens 1840 – im Rheinland wie in Sachsen – massiv geforderten Forcierung dieses Wachstums durch ein modernes Kreditsystem, Aktiengesellschaften und eine neue staatliche Infrastruktur- und Rahmenpolitik war es dann nur ein vergleichsweise kleiner Schritt. Der Staat als Instrument der Gestaltung einer nun als offen und in hohem Maße gestaltbar begriffenen Zukunft rückte immer stärker ins Blickfeld der Unternehmer. Für fast alle deutschen Staaten gilt freilich, dass die zunehmend klarer formulierten materiellen und ideellen Interessen der gewerblich-industriellen Unternehmerschaft – mithin ihre Vorstellungen von einer Führungsrolle der Industrie in der Gesellschaft und eines neuen Aufgabenregimes des Staates – bis 1848 auf weitgehendes Unverständnis oder gar entschiedene Ablehnung stießen. Das Verhältnis der deutschen Staaten des Vormärz zu „ihrer" Industrie hat der Herausgeber des „Gewerbe-Blatts für Sachsen", Georg Friedrich Wieck, bereits 1839 treffend beschrieben: „In England ist diese neumodische Industrie zur größten Macht gelangt; sie sitzt wie eine Königin Viktoria auf dem Thron und alle Verhältnisse des Volkes sind ihr untertan. In Deutschland aber wird die Industrie als eine Magd betrachtet. – Sie ist da, um

Wechsel des Momentums

Unbegrenztes Wachstum denkbar

Forderungen an den Staat

Führungsanspruch der Industrie

zu arbeiten; man rühmt sie, man sucht für sie ein gutes Unterkommen, gibt ihr ein vortreffliches Attestat; aber am Ehrentische des Staates sitzen Damen und – moquiren sich".

Organisierte Interessenvertretung des Handwerks

In Preußen suchte sich das Handwerk unter den Bedingungen einer weitgehenden Gewerbefreiheit neu in Innungen ohne Zwangsmitgliedschaft zu organisieren, die aber vom Staat als lokale Interessenvertretungsorgane anerkannt wurden. Die preußische Gewerbeordnung von 1845 zielte auf eine Stärkung der sozialen Funktionen dieser Innungen, die sog. Notverordnung von 1849 führte sogar wieder einen „Befähigungsnachweis" als Voraussetzung für die Ausbildung von Lehrlingen ein. In den anderen deutschen Staaten existierten lokale Zünfte fort, die Fähigkeit zu örtlicher Wettbewerbsregulierung nahm jedoch überall deutlich ab. Das Entstehen einer überlokalen, ja „nationalen" Handwerkerbewegung 1848 hing eng mit der strukturellen Krise des Handwerks und den für eine organisierte Interessensartikulation förderlichen Bedingungen der Revolutionszeit zusammen. Nach Gründung lokaler und regionaler überberuflicher Handwerkervereine fand im Sommer 1848 in Frankfurt am Main der „Erste deutsche Handwerker- und Gewerbekongress" statt. Der Kongress forderte staatliche Hilfen für das Kleingewerbe, Innungen mit Zwangsmitgliedschaft und ein System von Gewerberäten in allen Bundesstaaten. Darüber hinaus sollten die Möglichkeiten zur internen Konkurrenzregulierung in den Handwerken stark verbessert und die Wettbewerbschancen der Industrie gesetzlich eingeschränkt werden. Der Einfluss der Handwerkerbewegung auf die vom Volkswirtschaftlichen Ausschuss der Frankfurter Nationalversammlung erarbeitete, freilich nie von ihr verabschiedete, Gewerbeordnung blieb gering. Einige Einzelstaaten verschärften aber das Gewerberecht vorübergehend. Mit dem Scheitern der Revolution zerfiel auch die Handwerkerbewegung, lebte aber im letzten Drittel des Jahrhunderts wieder auf und gewann zunehmend an Bedeutung.

„Nationale" Handwerkerbewegung 1848

3. Staat und Wirtschaft zwischen Revolution und Reichsgründung 1848–1871/78

3.1 Die Wirtschaftspolitik in den Revolutionsjahren 1848/49: Sofortmaßnahmen und Wandel des staatlichen Aufgabenregimes

Vertrauenskrise zwischen Wirtschaft und Staat

Schon geraume Zeit vor Ausbruch der Revolution im März 1848 hatte sich in den gewerblich fortgeschrittenen deutschen Staaten, so in Preußen und Sachsen, eine Vertrauenskrise zwischen gewichtigen Teilen

der Unternehmerschaft und den alten Eliten in den Staatsbürokratien
entwickelt. In den Augen vieler Unternehmer der jüngeren Generation
waren die Spitzen der staatlichen Bürokratie weder dazu fähig, die großen Fragen der Zeit zu erkennen und eine angemessene Rahmen- und
Infrastrukturpolitik für eine beschleunigte Industrieentwicklung zu betreiben, noch waren sie in der Lage, die Geldmittel dafür zu mobilisie-
ren. Aber nicht nur aus zwingenden industrialisierungspolitischen Erfordernissen drängten Unternehmer (v. a. in Preußen) in den 1840er
Jahren in die „Große Politik", brachten erneut die „Verfassungsfrage"
auf die Tagesordnung und strebten eine Teilhabe an der Macht an. In
einer Zeit rascher ökonomischer Veränderungen und sozialer Spannungen schien ihnen die politische Verfasstheit der Staaten überaus instabil
und gefährdet. Das Wirtschaftsbürgertum – Fabrikanten, Kaufleute,
Verleger, Bankiers – wurde zu einer wichtigen sozialen Trägerschicht
des konstitutionellen Liberalismus, der, wie die westeuropäischen
Nachbarstaaten zu zeigen schienen, die bedrohliche Problemanhäufung
in der Gesellschaft am ehesten zu entschärfen vermochte. Wirtschaftsbürger spielten in den liberalen „Märzministerien" des Jahres 1848 in
verschiedenen deutschen Staaten eine Rolle. In keinem anderen Staat
waren sie aber wohl so prominent vertreten wie in Preußen, dessen König Friedrich Wilhelm IV. sich Ende März 1848 gezwungen sah – um
Schlimmeres zu verhüten – den Kölner Großkaufmann Ludolf Camphausen (1803–1890) zum ersten bürgerlichen Ministerpräsidenten
Preußens zu ernennen und den Aachener Wollhändler und Bankier
David Hansemann (1790–1864) zu seinem Finanzminister.

In den meisten deutschen Staaten gehörten die Überwindung der
akuten Wirtschaftskrise und die Beseitigung der schon seit Herbst 1847
prekär werdenden Zahlungsmittel- (und damit mittelbar zusammen-
hängend auch der Kredit-) Knappheit zu den wichtigsten Aufgaben der
liberalen „Revolutionsregierungen". In Preußen wurde „die Herstellung des Kredits im Innern" von Hansemann besonders konsequent an-
gegangen. Bereits im April 1848 errichtete er in 13 preußischen Städten
Darlehenskassen zur Unterstützung der Wirtschaft, die mit 10 Millionen Talern Papiergeld (staatliche Kassenanweisungen) ausgestattet
wurden. Darüber hinaus hatte er noch vom ständischen „Vereinigten
Landtag" eine Anleiheberechtigung von 25 Millionen Talern geneh-
migt bekommen; eine Summe, die zu einem erheblichen Teil in die
Rettung von Großunternehmen oder an gut organisierte Interessens-
verbände floss. Die generelle Bereitschaft des Staates, Not leidende Ge-
werbeunternehmen in einer besonderen ökonomischen Krise mit
erheblichen Finanzmitteln zu stützen, war im konstitutionellen Baden

Unternehmer
werden Politiker

Unternehmer
werden Minister

Revolutionierung
des Finanzgebarens

Rettung von
Großunternehmen

bereits kurz vor der Revolution gegeben. Hier retteten in einer weithin beachteten Aktion Regierung und Landtagsmehrheit Ende 1847 die drei größten und modernsten Fabriken des Landes durch eine staatliche Zinsgarantie für die Gläubiger. In Preußen war dafür aber offenbar ein erheblicher politischer Einschnitt, die Beteiligung bürgerlicher Kräfte an der Regierung nötig. Bei einigen Konkursfällen von besonderer Tragweite brach der preußische Staat nun sogar mit seiner bisherigen Politik der Eindämmung von Aktiengesellschaften und verband Finanzgarantien mit Konzessionen zur Bildung von Aktiengesellschaften. So wurde im Frühjahr 1848 auch das zahlungsunfähige Kölner Bankhaus Schaaffhausen, dessen Konkurs zahlreiche Folgebankrotte

Rettung von Banken von Unternehmen in Rheinland-Westfalen mit ca. 20000 Arbeitern nach sich gezogen hätte, mit staatlicher Garantie für die Gläubiger in eine Aktiengesellschaft umgewandelt. Durch Umwandlung von Gläubigern in Aktionäre entstand die erste Aktienbank Preußens.

In fast allen bedeutenderen deutschen Staaten trugen staatliche **Erhalt von Arbeitsplätzen** Maßnahmen, die häufig von lokalen Initiativen erzwungen wurden, indirekt zum Erhalt von Arbeitsplätzen in der Krise bei: die Rettung von angeschlagenen Banken und Firmen, die Errichtung von Darlehenskassen in Gewerbezentren, der Weiterbau von Eisenbahnlinien in staatlicher Regie, die Weiterbeschäftigung von Arbeitern in Staatsbetrieben oder staatlich gelenkten Betrieben – wie etwa dem Ruhrkohlenbergbau – trotz mangelnder Aufträge. Darüber hinaus stellten die deutschen **Direkte AB-Maßnahmen** Staaten auch Geldmittel in Millionenhöhe für direkte Arbeitsbeschaffungsmaßnahmen, auch erneut im Straßenbau, zur Verfügung. Aber erst durch die zahlreichen, über Anleihen und Steueraufschläge finanzierten Arbeitsbeschaffungsprogramme der Kommunen, deren offenbar erheblicher Gesamtumfang bisher nicht erforscht ist, kam es im Sommer 1848 zu einem spürbaren, wenn auch nur zeitweiligen, Rückgang der sichtbaren Arbeitslosigkeit.

Festzuhalten bleibt, dass sich die meisten deutschen Staaten ein**Neues Verhältnis Staat – Wirtschaft** schließlich Preußens von nun an in letzter Instanz für das Funktionieren des Wirtschaftslebens verantwortlich fühlten und eine generelle Bereitschaft zeigten, der gewerblichen Wirtschaft mit erheblichen Finanzmitteln behilflich zu sein. Diese Finanzmittel kamen nicht – wie bei der Arbeitsbeschaffung 1816 und 1830/32 oder bei den Maßnahmen der Gewerbeförderung des Vormärz – aus dem laufenden Haushalt, sondern mussten aufgrund der schieren Größenordnung durch Staats**Staatsverschuldung für ökonomische Ziele** verschuldung bzw. Geldschöpfung gewonnen werden. Dadurch wurde eine neue Qualität erlangt, d. h. die Funktion und Funktionsweise des Staates als industrieller Produktionsfaktor, das staatliche Aufgabenregime selber, veränderte sich. Allein in Preußen betrug die durch Anleihen finanzierte Vermehrung der Staatsausgaben vom Frühjahr 1848 bis zum Jahre 1850 33 Millionen Taler. Von 1847 bis 1850 erhöhte sich zudem in allen deutschen Staaten (ohne Österreich) der staatliche Papiergeldumlauf von ca. 30 auf 53 Millionen Taler. Es kam mithin zu einer Steigerung der zinsfreien Staatsverschuldung in Höhe von ca. einem Drittel der geschätzten damaligen Nettoinvestitionen (R. Tilly). Diese Expansion der Staatsverschuldung und der Staatsausgaben hat zur Aufrechterhaltung des Wirtschaftslebens in den Jahren 1848/49 erheblich beigetragen.

Die Revolution beschleunigte aber nicht nur die Anerkennung wichtiger wirtschaftsbürgerlicher Forderungen durch den Staat – v. a. in Preußen –, sondern befreite auch die Landwirtschaft von den letzten feudalen Bindungen und begünstigte dadurch ein weiteres Anwachsen der Agrarproduktion.

Beschleunigter Abschluss der Agrarreformen

3.2 Die 1850er Jahre: Anerkennung der „Großen Industrie" und aktive staatliche Begleitung der Industrialisierung

Die deutschen Staaten mit industriellen Kernregionen begannen in den 1850er Jahren die Unabwendbarkeit einer anhaltenden Industrieentwicklung und die gesellschaftliche Gleichberechtigung industrieller Interessen zu akzeptieren. Das führte zur sukzessiven Etablierung einer neuen Wirtschaftspolitik, die finanzintensive Unternehmensprojekte auf Aktienbasis kaum noch behinderte, einen Rückzug des Staates aus noch staatlich regulierten Teilbereichen einleitete und dem Staat eine Schrittmacherfunktion im infrastrukturellen Ausbau – vornehmlich im Eisenbahnbau – zuwies. Diese neue Wirtschaftspolitik wurde zugleich geprägt und teilweise ermöglicht durch die Fortdauer der „finanzpolitischen Wende" der späten 1840er Jahre, d. h. der Inanspruchnahme öffentlichen Kredits für ökonomische Ziele.

Neue Wirtschaftspolitik etabliert sich

So setzte der langjährige preußische Handels- und spätere Finanzminister August von der Heydt (1801–1874) – im Vormärz ein liberaler, wirtschaftsbürgerlicher Oppositioneller aus dem Wuppertal – seit 1849 innerhalb weniger Jahre im Abgeordnetenhaus Staatsanleihen für den Eisenbahnbau in Höhe von mehr als fünfzig Millionen Taler durch. Sie dienten anfangs der Übernahme privater Bahngesellschaften und dem Weiterbau stillgelegter Bahnprojekte, dann aber zunehmend dem Ausbau eines verzweigten Streckennetzes v. a. zwischen den Gewerbezentren der Westprovinzen. Darüber hinaus übernahm der preußische Staat bis Ende 1857 Zinsgarantien für private Eisenbahninvestitionen in

Die „Ära von der Heydt" in Preußen

Forcierter Eisenbahnbau

Höhe von 79 Millionen Talern. Von 1848 bis 1865 nahm der Umfang der Staatsverschuldung in Preußen um mehr als 100 Prozent zu, d. h. um 178 Millionen Taler, die hauptsächlich in den Eisenbahnsektor flossen.

Deregulierung des Bergbaus

Ebenso nachdrücklich wie seine auf eine preußische Staatsbahn zielende Eisenbahnpolitik verfolgte von der Heydt die bereits von Hansemann 1848 eingeleitete Revision des Bergrechts. Zwar zog sich die Deregulierung des Bergbaus noch bis in die 1860er Jahre hin. Erst dann wurden alle Arbeitergruppen im Bergbau den Rechtsbedingungen des „freien Arbeitsvertrags" unterworfen. Aber von der Heydt konnte schon im Mai 1851 die Zustimmung zu zwei Teilgesetzen finden, die besonders den Ruhrbergbau für Kapitalinvestitionen großen Stils öffneten: Die Abgaben des Bergbaus an den Staat wurden um die Hälfte vermindert und Fördermenge wie Preise konnten nun von den

Privatisierung der „Seehandlung"

Zechenbesitzern individuell festgelegt werden. Bis Mitte der 1850er Jahre wurden außerdem 63 Prozent des industriellen Anlagekapitals der „Seehandlung" verkauft. Elf Fabriken mit einem geschätzten Wert von 6,6 Millionen Talern wechselten in die Hände privater Unternehmer.

„Große Industrie" akzeptiert

Zwar blieb das Aktiengesellschaftsrecht von 1843 bestehen, die Konzessionierung neuer Aktiengesellschaften wurde aber im Gegensatz zum Vormärz überaus großzügig gehandhabt. Zwischen 1850 und 1857 wurden in Preußen dreimal soviel Aktiengesellschaften gegründet wie in vier Jahrzehnten zuvor: 295 neue Aktiengesellschaften mit einem Gesamtkapital von 800 Millionen Talern.

In einzelnen Feldern der Wirtschaftspolitik, insbesondere aber auf dem Gebiet der Bankenpolitik, hielten die Auseinandersetzungen zwischen Wirtschaftsbürgertum und Staat in Preußen an. Der Staat weigerte sich weiterhin, seine Autorität bei der Kredit- und Geldversorgung durch die Gründung weiterer privater Aktienbanken schmälern zu lassen. Erst durch die Gründung zahlreicher Privataktienbanken in kleineren Nachbarstaaten, nicht selten unter Federführung preußischer Wirtschaftsbürger, sah sich der Staat 1856 gezwungen – aus Furcht die Kontrolle über die eigene Ökonomie zu verlieren – eine richtungsweisende Modernisierung der Preußischen Bank einzuleiten. Die bis dahin übliche Einschränkung der Notenemission durch im Voraus von der Regierung festgesetzte Höchstmengen wurde aufgegeben. Dadurch konnte die Preußische Bank den Umlauf von Zentralbankgeld kurzfristig erhöhen und die Geldmenge erstmals der realwirtschaftlichen Konjunktur anpassen.

Industrie nicht eindämmen, sondern moderieren

Die beginnende Deregulierung des Bergbaus, die erleichterte Konzessionierung von Aktiengesellschaften und die allgemein erhöhte

Anerkennung industrieller Interessen in der staatlichen Bürokratie dürfen nicht den Blick dafür verstellen, dass die preußische Wirtschaftspolitik der 1850er Jahre auf eine aktive staatliche Begleitung und Moderierung der nun grundsätzlich akzeptierten Entwicklung der Industrie im großen Stil setzte. In diesem Kontext ist sowohl die Bankenpolitik als auch die auf verschiedenen Wegen auf Verstaatlichung hinauslaufende Eisenbahnpolitik zu sehen, die nicht nur Infrastruktur- und Verkehrspolitik sein wollte, sondern offenbar auf eine wirkungsvolle gesamtökonomische Feinsteuerung durch Kontrolle des – noch dazu potenziell Gewinn bringenden – Leitsektors industrieller Entwicklung zielte. In der ersten Hälfte der 1850er Jahre lassen sich in Preußen sogar vage Umrisse eines konservativen „Interventionsstaates" als vorläufige staatliche Antwort auf die Krisenerfahrungen des späten Vormärz und der Revolutionsjahre erkennen. Nicht zufällig fallen das deutlich verschärfte Kinderschutzgesetz (1853) sowie die erste Krankenkassengesetzgebung mit staatlich festgelegter Beitragspflicht der Arbeitgeber (1854) in diese Zeit. Bezieht man das Knappschaftsgesetz von 1854 mit ein, das eine Beitragsverpflichtung der vom Staat in die Wirtschaftsfreiheit entlassenen Bergwerksbesitzer zu den Knappschaftskassen fortschrieb, so wurde in Preußen bereits wenige Jahre nach der Revolution ein System lokaler Zwangsversicherung etabliert, das zumindest in den gewerblich verdichteten Regionen und großen Städten dem in festen Arbeitsbeziehungen stehenden Teil der lohnarbeitenden Bevölkerung eine soziale Vorsorge bei Krankheit und Invalidität gewährte. Im Heimgewerbe zeigte darüber hinaus in den 1850er Jahren das Verbot (1849) des – häufig betrügerischen – Warenzahlens (Truckverbot) gute Wirkung, zu dem man sich vor der Revolution über Jahrzehnte nicht hatte durchringen können. Die im Anschluss an die Gewerbeordnungsnovelle 1849 in zahlreichen Städten gegründeten – freilich kurzlebigen – Gewerberäte sind außerdem ein Indiz dafür, dass der preußische Staat zeitweilig mit der Implementierung korporativer, berufsständischer Ordnungselemente in die Wirtschaft experimentierte.

Preußische Antworten auf Krisenhaftigkeit

3.3 Die liberale Epoche 1859–1878

Die ungewöhnlich starke Investitionswelle bis 1857 bildete die Grundlage für die Durchsetzung des industriellen Kapitalismus als ein System sich selbst tragenden Wachstums in Deutschland. Die „erste Weltwirtschaftskrise" von 1857/59 traf viele deutsche Staaten nur in abgeschwächter Form und zu Beginn der 1860er Jahre waren ihre Fol-

Industriekapitalismus festigt sich

gen weitgehend überwunden. Die Industrialisierung ging in hohem Tempo weiter. Das Nettosozialprodukt im Gebiet des späteren Deutschen Reiches nahm zwischen 1855 und 1870 um 47 Prozent zu und selbst pro Kopf der Bevölkerung betrug der Zuwachs 32 Prozent – bei freilich höchst ungleicher sozialer Verteilung.

Diese günstige wirtschaftliche Entwicklung trug im Wesentlichen dazu bei, liberalen wirtschafts- und gesellschaftspolitischen Vorstellungen auf breiter Front zum Durchbruch zu verhelfen. Die Argumente gegen Gewerbefreiheit und Freizügigkeit oder gegen eine Orientierung des Zollvereins auf internationalen Freihandel verloren an Gewicht. Alte Ängste und Befürchtungen – insbesondere im Handwerk – schwanden. Erst jetzt setzte sich die volle Gewerbefreiheit fast überall in Deutschland durch. 1860 führte Hessen-Nassau, 1861 Bremen und Oldenburg, 1862 Baden, Sachsen und Württemberg, 1864 Braunschweig und Frankfurt, 1865 Hamburg und 1868 schließlich Bayern die Gewerbefreiheit offiziell ein. In den 1860er Jahren kam es auch zur staatlichen Duldung der sog. Koalitionsfreiheit, die Gewerkschaftsgründungen erlaubte. Besonders rechtlich geschützt war die Koalitionsfreiheit aber nicht. Geschützt war dagegen das Recht, nicht zu koalieren.

Die Gesamtentwicklung stärkte vor allem das Wirtschaftsbürgertum, das sich seit Ende der 1850er Jahre erneut auf nationaler Ebene zu organisieren begann und seine Interessen, die mit den Interessen der Gesamtgesellschaft in eins zu fallen schienen, öffentlichkeitswirksam artikulierte. Vor allem der 1858 gegründete „Kongreß Deutscher Volkswirte" und der 1861 ins Leben gerufene „Deutsche Handelstag" (DHT) als Spitzenorganisation der Handelskammern traten nachdrücklich für die Grundsätze einer freien wirtschaftlichen Entfaltung wie für Gewerbefreiheit, Niederlassungsfreiheit, Zollermäßigungen und schließlich Freihandel ein. Seit in zahlreichen Branchen sich in den 1850er Jahren die Konkurrenzfähigkeit deutscher Produkte auf den Exportmärkten deutlich abzeichnete, ohne dass der Zollverein zu einem Schutzzollsystem übergegangen war, wurde der Freihandel zur neuen Formel für beschleunigtes Wachstum.

Seit 1858 nahm auch die Wirtschaftspolitik Preußens, markiert durch den Thronwechsel Ende des Jahres sowie schließlich durch einen erdrutschartigen Sieg der Liberalen bei den Landtagswahlen, eine Wendung in die liberale Richtung. Die neue liberale Parlamentsmehrheit beendete die bisherige Politik der schleichenden Verstaatlichung der Eisenbahnen und führte die stecken gebliebene Deregulierung des Bergbaus mit dem Allgemeinen Berggesetz vom Juni 1865, das die

Marginalien:

Lange ökonomische Prosperität

Gewerbefreiheit überall

Nationale Organisierung wirtschaftsbürgerlicher Interessen

Preußens Wirtschaftspolitik wird liberaler

volle ökonomische Selbständigkeit der Betriebe garantierte, zum Abschluss. Getragen von der guten Konjunktur setzte seit 1866/67 nachgerade ein „Liberalisierungswettbewerb" ein, der auch eine politische Funktion erfüllen sollte: Die Gründer und Parlamentarier des Norddeutschen Bundes wollten diesen zu einem liberalen Musterstaat ausbauen, dem sich die anderen deutschen Staaten – gedrängt durch die Stimmung in der weithin liberalen „bürgerlichen Öffentlichkeit" – bald anschließen würden. In der kurzen Zeit seines Bestehens verabschiedete der Reichstag des Norddeutschen Bundes daher zahlreiche Reformgesetze, die schon seit geraumer Zeit auf der Agenda des Wirtschaftsbürgertums gestanden hatten, darunter die Vereinheitlichung der Maß- und Gewichtsnormen, des Handels- und Wechselrechts (Handelsgesetzbuch 1869) und eine entschieden liberale Gewerbeordnung (1869).

Norddeutscher Bund im „Liberalisierungswettbewerb"

Diese Reformanstrengungen unter wirtschaftsliberalen Vorzeichen erfuhren eine außenwirtschaftliche Absicherung durch das Entstehen eines europäischen Freihandelssystems, in das mit dem Abschluss des Handelsvertrags zwischen Großbritannien und Frankreich 1860 das Meistbegünstigungsprinzip Einzug hielt. Die Zollvereinstarife von 1865 und 1870, die einen Wegfall der Getreidezölle und Ermäßigungen sowie schließlich eine vollständige Aufhebung der Roheisenzölle brachten, entsprachen dem neuen, freihändlerischen Zeitgeist.

Europäisches Freihandelssystem

Die Gründung des Deutschen Reiches 1871 führte zu einem weiteren Schub liberaler Reformgesetzgebung, so dass die 1860er und 1870er Jahre heute zu den großen Reformepochen der deutschen Geschichte gerechnet werden. Die Gewerbeordnung des Norddeutschen Bundes wurde auf ganz Deutschland ausgedehnt. Freizügigkeits- und Unterstützungswohnsitzgesetz ermöglichten es jedem Deutschen an jedem Ort im Reich zu wohnen, zu arbeiten und Grund zu erwerben; in der Armenfürsorge galt jetzt in allen Bundesstaaten nicht mehr das antiquierte Heimat-, sondern endlich das Wohnsitzprinzip. Das waren legislative Maßnahmen, durch die die Mobilität von Kapital und Arbeit noch einmal kräftig befördert wurde. Das junge Kaiserreich erhielt eine Wirtschaftsordnung dezidiert liberalen Zuschnitts.

1860er und 1870er Jahre als Reformära

Wirtschaftsordnung dezidiert liberalen Zuschnitts

Diese neue Reformära wurde nicht allein – wie ein halbes Jahrhundert zuvor nach 1806 – „von oben", von der staatlichen Bürokratie initiiert, sondern wesentlich vom Bürgertum angestoßen, das in den Parlamenten seine neuen politischen Gestaltungsmöglichkeiten zu nutzen verstand. Der in der ersten Hälfte des 19. Jahrhunderts bestimmende Gegensatz Staat und Gesellschaft, bzw. Staat und Wirtschaft wurde – sieht man einmal von wenigen Monaten in der Revolution

1848/49 ab – seit den 1860er Jahren erstmals transzendiert. Wie in England schien der Staat seiner Leitungsfunktionen für die Gesellschaft entkleidet und in eine dienende Rolle gedrängt zu werden. Als Symbol des rasch voranschreitenden Rückzugs des deutschen Staates auf das wirtschafsliberale Ideal eines nur die allgemeinen Rahmenbedingungen kapitalistischen Wirtschaftens garantierenden Staates galt unter Zeitgenossen die Liberalisierung des preußischen Aktienrechts im Jahre 1870: Der Staat verzichtete erstmals in Deutschland auf das Konzessionsrecht und stellte die Gründung neuer Aktiengesellschaften in das Belieben der Unternehmer und Bankiers.

Von Beginn an forcierte der neue Staat freilich eine grundlegende Reorganisation der Geld-, Währungs-, Kredit- und Kapitalmärkte. Seit 1876 wurde die Geld- und Währungspolitik zentral von der dafür eingerichteten Reichsbank betrieben. Die Mark als neue deutsche Währung wurde als bewusster währungs- und wirtschaftspolitischer Akt auf der Basis von Gold, mithin desselben Währungsmetalls wie die damalige internationale Leitwährung, das britische Pfund, begründet. Dadurch wurde automatisch die volle Konvertibilität der Mark zu einem festen Wechselkurs sichergestellt. Der Beitritt des jungen Staates zum sog. Goldstandard löste eine Beitrittswelle anderer Staaten aus und förderte die internationale Kapitalmobilität. „Der gemeinsame Goldstandard war demnach gleichbedeutend mit der Supranationalität des Geldes. Und die Tatsache, dass Gold nicht beliebig schnell vermehrbar ist, sicherte national wie international den Geldwert und damit die Kaufkraft des Geldes" (Buchheim). Geldpolitisch waren der Reichsbank durch diese Supranationalität der Währung die Hände weitgehend gebunden.

Unstreitig war ein hochkonjktureller Aufschwung 1870 voll im Gang, als der deutsch-französische Krieg seine weitere Entfaltung rund ein halbes Jahr verhinderte. Im Frühjahr 1871 setzte sich der aufgestaute Boom umso heftiger fort, weil das Entstehen des vom Wirtschaftsbürgertum ersehnten nationalen Wirtschaftsraums weit reichende Zukunftserwartungen und zeitweilig grenzenlosen Optimismus hervorrief. In ganz Deutschland wurden in nur drei Jahren (1871-1873), begünstigt durch die Lockerung des Aktienrechts, 928 Aktiengesellschaften mit einem Gesamtkapital von 2,78 Milliarden Mark gegründet. Die vom neuen Staat dem besiegten Frankreich auferlegten Reparationszahlungen in Höhe von 4,2 Milliarden Mark wurden zwar relativ langsam in den deutschen Wirtschaftskreislauf geleitet, beflügelten die Phantasie der „Gründer" aber dennoch erheblich. 1873 kam es zum Umschlag nicht nur der deutschen, sondern auch der internationalen Konjunktur. Auf die „Gründerzeit" folgte der Börsenkrach und die „Gründerkrise", die erst 1879 ihren Tiefpunkt überschritt. Aber auch dann folgte keine neue allgemeine Hochkonjunktur, sondern eine Phase ungleichmäßig verlangsamten Wachstums und sinkender Preise, die bis 1896 anhielt.

4. Staat und Wirtschaft im Deutschen Kaiserreich 1878–1914

In der wirtschaftlichen „Stockungsspanne" (Spiethoff) von 1873 bis 1896 kam es zu einem Wandel des Zeitgeistes, den man nicht ganz unzutreffend auf die „Diskreditierung des Liberalismus" (Rosenberg) zurückgeführt hat. In breiten Kreisen der Bevölkerung schwand das Vertrauen in die Selbststeuerungskraft der Wirtschaft. Die Erwartungen und Hoffnungen, die bis dahin dem Markt gegolten hatten, richteten sich wieder verstärkt auf den Staat.

> „Stockungsspanne" = ungleichmäßig verlangsamtes Wachstum und sinkende Preise

Fast zur gleichen Zeit, als in Deutschland die Rückstufung des Staates auf eine gesetzlich fixierte, dienende Rolle durch die liberalen Parteien betrieben wurde, verlangte die Gesellschaft aufgrund der krisenhaften Entwicklung die Ausweitung der Staatsaufgaben. Das stärkte einen Staat, der sich durch drei siegreiche Kriege bis zur erfolgreichen Nationalstaatsgründung ohnehin in einer machtpolitisch wie moralisch gestärkten Position befand und in dem die parlamentarische „Unterfütterung", die Konstitutionalisierung der Monarchie lediglich die gegenständlich begrenzte Mitsprache für die Parteien erbracht hatte. Der Staat wurde auch im Reichsgründungsjahrzehnt kein Staat der Parteien und sollte es – trotz eines sukzessiven Aufgaben- und Machtzuwachses des Reichstags – auch im Kaiserreich nicht werden. „Zwar konnte auch der deutsche Staat nicht mehr unter Umgehung der in Parteien organisierten und im Parlament repräsentierten Gesellschaft handeln, doch war er kein von den Parteien gesteuerter Staat, sondern nahm eine relativ unabhängige Position über diesen ein" (Grimm).

> Gesellschaft ruft nach Staat

> Staat bleibt relativ unabhängig

Auch der in den 1860er und frühen 1870er Jahren nachdrücklich betriebene wirtschaftliche Liberalismus blieb immer dem Staatsinteresse untergeordnet, mithin ein „gouvernementaler Liberalismus" (Böhme). Er war ein Mittel zur Modernisierung der Ökonomie und zur Bestandssicherung der Ordnung, von dem man wieder – je nach Bedarf mehr oder weniger – Abstand nehmen konnte, wenn es sich als nicht „zielführend" erwies. Daher griff der neue Staat, der in erheblichem, wenn auch später in abnehmenden Umfang auf der preußischen Ministerialbürokratie beruhte, seit der zweiten Hälfte der 1870er Jahre auf

> Rückkehr zur staatlichen Moderierung der Wirtschaftsentwicklung

Handlungskonzepte, Denkmuster und Herrschaftswissen der 1850er Jahre zurück. Die aktive staatliche Begleitung und Moderierung der wirtschaftlichen Entwicklung trat nun wieder in den Vordergrund. Im Ergebnis bedeutete das keinesfalls eine dezidiert antiliberale Politik, sondern die Etablierung eines wirtschafts- und ordnungspolitischen Pragmatismus, der in Reaktion auf sich ändernde Umweltbedingungen und Ansprüche einzelner Gruppen an den Staat den Wirtschaftsliberalismus als ordnungspolitisches Leitbild in verschiedenen Bereichen unterschiedlich stark zu transzendieren begann. Staatliches Eingreifen wurde zugleich von einer Funktion des reinen Staatswillens immer mehr zur Funktion des Staates im arbeitsteiligen Gesamtsystem der Gesellschaft.

Keine antiliberale Wirtschaftspolitik, sondern postliberaler Pragmatismus

4.1 Die wirtschaftspolitische Wende zum Schutzzoll-Protektionismus in der ersten Globalisierungsphase

Die tiefe Rezession der deutschen wie der internationalen Wirtschaft von 1873 bis 1879 führte zu einer anhaltenden Absatzkrise der Industrie auf dem Binnen- und Außenmarkt, wobei sich der Konkurrenzkampf erheblich verschärfte. Wenig später wurde auch die Landwirtschaft durch die Ausbildung eines Weltagrarmarktes, dessen Wirkungen in der Krise durch das Angebot von billigem Getreide und Fleisch unter anderem aus Übersee nun erst sichtbar wurden, zunehmend in Mitleidenschaft gezogen. In Reaktion darauf setzte seit Mitte der 1870er Jahre eine massive Agitation gegen die bislang verfolgte Politik des Freihandels ein, die vornehmlich von neuen, rasch an Einfluss gewinnenden Interessenverbänden der Industrie und – mit zeitlicher Verzögerung – der Landwirtschaft getragen wurde.

Abkehr vom Freihandel

Staatsbürokratie und Reichsregierung, allen voran Reichskanzler Bismarck, begannen sich vom bisherigen Leitbild der Wirtschaftspolitik zu distanzieren. 1879 stimmte eine deutliche Mehrheit des Reichstages Zollerhöhungen zu. Bei dieser zollpolitischen Wende spielten zwar auch die Suche nach einer neuen innenpolitischen Koalition und die – schnell vom Reichstag enttäuschte – Hoffnung auf eine substanzielle Erhöhung der Einkünfte des Reichs durch vermehrte Zolleinnahmen eine Rolle. Entscheidend war jedoch das nun von den Spitzen der Administration verfolgte Ziel, der deutschen Wirtschaft staatlicherseits besondere Vorteile zu verschaffen, um die wirtschaftlichen Schwierigkeiten abzumildern. Dabei wandten sie sich zeitweilig von der bisherigen Praxis der europäischen Staaten ab, in Handelsverträgen gegenseitig Zolltarife zu vereinbaren. Die Etablierung dieses Grundgedankens,

Übergang zum Leitbild des Protektionismus

die Redefinition der Staatsaufgaben nach der Epoche einer am Freihandel und staatlicher Enthaltsamkeit orientierten Wirtschaftspolitik, war sicherlich bedeutsamer als die Wirkungen des zum 1. Januar 1880 in Kraft tretenden Zolltarifs. Der Schutzzoll auf Industrieerzeugnisse war und blieb auch weiterhin mäßig, im Vergleich zu dem zur Jahrhundertmitte geltenden Tarif des Zollvereins.

Zoll auf Industriewaren mäßig

Auch brachten der Übergang Deutschlands zu mäßigem Zollschutz und die fortan international erkennbare Neigung zu nationalen Schutzzöllen, der sich nur Großbritannien und sein Empire enthielten, den Welthandel nicht aus dem Tritt, sondern verlangsamten allenfalls sein Wachstum. Zu groß war der Druck, die Ertragsschwäche der Binnenmärkte durch den Export von Waren und zunehmend auch Kapital zu kompensieren. Das Welt-Exportvolumen erhöhte sich von 1872 bis 1890 immerhin um 25 Prozent und das Deutsche Reich hatte einen erheblichen Anteil daran. Bis zum Ersten Weltkrieg stieg es dann – befördert durch eine gute Konjunktur weltweit – noch einmal um das Dreifache. Trotz anhaltendem (zumeist mäßigem) Protektionismus erreichte die Weltmarktverflechtung eine neue Dimension. Eine staatliche Stabilisierung des nationalen Marktes durch nicht übertriebene Zollabgaben auf industrielle Halbfertig- und Fertigwaren und ein zunehmend verfeinertes Instrumentarium nichttarifärer Markteintrittsbarrieren waren angesichts der unerhörten Außenhandelsdynamik und der verschärften Wettbewerbsbedingungen dieser ersten Globalisierungsphase offenbar angemessen – zumindest für aufsteigende Industrieländer wie es Deutschland oder die USA damals waren. Besonders einzelne Branchen wie die Schwerindustrie, die auf langfristige Planungshorizonte für große Neuinvestitionen angewiesen waren und den Preiskampf auf dem Weltmarkt durch sichere Gewinne auf dem Binnenmarkt ausgleichen wollten, profitierten von diesen staatlich gesetzten Markteintrittsbarrieren für ausländische Konkurrenten und forderten sie beständig ein. In den in Kartellen organisierten Großunternehmen der Schwerindustrie war der sog. Effektive Schutz, der weit über den offiziellen Schutzzöllen lag, so hoch, dass ein nachweisbarer Begünstigungseffekt auf Kosten der weiterverarbeitenden Industrie und der Gesamtwirtschaft ausgeübt wurde. Ihr im internationalen Vergleich hohes Produktivitätswachstum wurde aufgrund solcher staatlich induzierten Vorteile offenbar nachhaltig gefördert.

Welthandel wächst trotz Protektionismus

Staat entschärft internationalen Wettbewerbsdruck

Zollpolitik für ein „Schwellenland" angemessen

Starker Begünstigungseffekt für Schwerindustrie

Der neue deutsche Staat, nach sich wieder einstellenden ökonomischen Erfolgen bald als „global player" ernst genommen, wurde nicht nur in der Zollpolitik, die anfangs eher unbeabsichtigt einen von den historischen Akteuren kaum absehbaren Beitrag leistete, in die Struktu-

Internationale
Staatsverträge
strukturieren
Globalisierung

rierung und Regulierung des ersten Globalisierungsprozesses gedrängt. Am Zustandekommen zahlreicher internationaler Verträge und Konventionen zur Regelung des Schifffahrts- und Eisenbahnverkehrs, des Post- und Telegrafenwesens, zum Niederlassungsrecht sowie zum Schutz von Patenten und Handelsmarken war das Deutsche Reich an prominenter Stelle und teilweise federführend beteiligt.

Der Zollschutz auf Getreide war anfangs gering und hatte eher den Charakter eines Finanz- denn eines Schutzzolls, entwickelte sich aber mit einer ganz anderen Dynamik als die Industriezölle und verfünffachte sich bis 1887. In weniger als einem Jahrzehnt hatte das Deutsche Reich – Frankreich und andere kontinentaleuropäische Staaten folgten rasch dem deutschen Beispiel – bereits ein beträchtliches

Agrarprotektio-
nismus

Stück des Wegs zu einem umfassenden Agrarprotektionismus beschritten, der im Rahmen der EU bis heute die Grundlage der Landwirtschaft Kerneuropas bildet. Dieser Weg wurde auch in der sog. Ära Caprivi, die seit 1892 zu einer Rückkehr zur Handelsvertragspolitik und zu einer Reduzierung der Agrarzölle zugunsten der Exportchancen der deutschen Industrie führte, nicht ernsthaft in Frage gestellt. Die Senkung der Agrarzölle musste durch zahlreiche Konzessionen an die Landwirtschaft erkauft werden und mit Ablauf der Handelsverträge seit 1906 wurde der Schutzzoll wieder auf das alte Niveau gehoben. Am Vorabend des Ersten Weltkriegs bot Deutschland das Bild eines entwickelten agrarprotektionistischen Landes, das mit einer durchschnittlichen nominellen Protektionsrate sämtlicher Agrarprodukte (v. a. auch Lebendvieh, Fleisch) von 27 bis 29 Prozent Schutz vor dem scharfen Wettbewerb und den Preisfluktuationen des Weltmarktes suchte. Die Gesamtgesellschaft, d. h. die Verbraucher, bezahlten diese Politik mit jährlichen Transferleistungen an die Marktgetreide produzierenden

Milliardenschwere
Umverteilung

großen und mittleren Landwirte in Höhe von einer halben Milliarde Mark, ab 1906 sogar einer Milliarde Mark. Hinzuzurechnen sind noch die aus den Vieh- und Fleischzöllen erzielten Zugewinne dieser und anderer Agrarproduzenten. Die einflussreichen Großbetriebe für Getreideanbau profitierten am meisten. Aber auch dem bäuerlichen Mittelstand wurde wirkungsvoll unter die Arme gegriffen. Zwar hat der staatliche Agrarprotektionismus das Ausscheiden kleiner landwirtschaftlicher Existenzen aus der Produktion und die Landflucht einerseits sowie eine starke Intensivierung und Produktivitätssteigerung andererseits nicht verhindert, aber offenbar doch ganz im Sinne einer Politik des gebremsten Strukturwandels deutlich verzögert.

Zollpolitik nur ein In-
strument unter vielen

So wichtig die Zollpolitik für das Reich war, das als finanziell schwach ausgestatteter Zentralstaat über nur wenige Mittel zur Moderierung des Wirtschaftsprozesses verfügte, so war sie doch im Gesamtrahmen staatlicher Wirtschaftspolitik nur ein Instrument unter vielen. Die Einführung von Schutzzöllen 1879/80 markiert auch nicht den eigentlichen Beginn einer neuen Epoche aktiver staatlicher Wirtschaftspolitik, obwohl es in der zeitgenössischen Öffentlichkeit wegen des hohen Symbolgehalts der Zollfrage so wahrgenommen wurde. Bereits das Patentgesetz von 1877 muss als erster Schritt in diese Richtung gewertet werden.

Neue Epoche beginnt mit Patentgesetz 1877

4.2 Die Wirtschafts- und Infrastrukturpolitik der Bundesstaaten

Für eine Ausgestaltung der Rückkehr des Staates zu einer (aktiven Begleitung und) Moderierung der Wirtschaftsentwicklung waren die immer noch in erster Linie für die Wirtschaftspolitik zuständigen Bundesstaaten wichtiger als das Reich. Vornehmlich die großen Bundesstaaten – allen voran Preußen – entdeckten erneut die Infrastrukturpolitik im Allgemeinen und die Verkehrspolitik im Besonderen als höchst wirksame ökonomische Steuerungsmöglichkeit.

Verkehrspolitik als Mittel ökonomischer Feinsteuerung

Als das Bismarcksche Projekt einer staatlichen Reichseisenbahn scheiterte, begann man in Preußen seit 1879 sukzessive die Privateisenbahnen durch Ankauf der Aktien in öffentliches Eigentum zu überführen. Zwar gab es auch gewichtige fiskalische und militärische Motive für die Verstaatlichung der Bahnen, aber die wirtschafts- und strukturpolitischen Zielsetzungen rückten erkennbar in den Vordergrund. Zum Leitbild wurde die wirtschaftliche Erschließung der von den Privatbahnen bisher vernachlässigten Räume durch den Bau von Nebenbahnen und die Gewährung von Sondertarifen v. a. für ältere Gewerbegebiete, deren Rohstoffbasis als Folge technischer Neuerungen oder durch ausländische Konkurrenz an Wert verloren hatte (etwa Harz, Eifel, Region Peine/Braunschweig, Sieg-, Lahn- und Dillgebiet).

Leitbild: Erschließung vernachlässigter Räume

Der weitere Ausbau des Eisenbahnnetzes im Gesamtumfang von 2,5 Milliarden Mark wurde vornehmlich zu Gunsten der östlichen Provinzen vorangetrieben. Die Nebenbahnen sollten vorrangig die Kostenstrukturen der Landwirtschaft durch eine Verbilligung des Transports verbessern, aber auch das erklärte Ziel einer Dezentralisierung der Industrie realisieren helfen. Der steigende Anteil der Ausnahmetarife im Güterverkehr spricht für eine erhebliche Begünstigung von Gewerbestandorten außerhalb der Ballungsgebiete. So versuchte der Staat auf die große Herausforderung der Zeit, die Ost-West-Wanderung zu den industriellen Ballungszentren, zu reagieren. Er konnte sie freilich nicht stoppen, allenfalls abmildern.

Trend zu Ballungszentren abgemildert

Ausbau der Binnen-
wasserstraßen

Fast zeitgleich mit der Verstaatlichung der Eisenbahnen begann auch ein massiver Ausbau der Binnenwasserstraßen in Preußen. Ende 1877 wurden zwölf bedeutende Kanalprojekte vorgeschlagen und in den folgenden Jahrzehnten mit Baukosten von zwei Milliarden Mark – fast die Summe der Ausgaben für den Eisenbahnbau – größtenteils durchgeführt; sie prägen das Wasserwegenetz für Massengüter in Deutschland bis heute.

Der preußische Staat betrieb die Stärkung der Wirtschaftskraft von Regionen nicht nur mit Mitteln der Verkehrspolitik. Vergleichsweise früh entwickelte Preußen ein finanzpolitisches Instrumentarium

Regionaler
Finanzausgleich

zum regionalen Finanzausgleich, das die provinzialen und später auch die kommunalen Gebietskörperschaften für notwendige Infrastrukturaufgaben stärkte. Dabei wurden die östlichen Provinzen gegenüber den vergleichsweise wohlhabenden westlichen Provinzen klar begünstigt. Sicherlich kann die frühe und konsequente Umverteilung von West nach Ost – wie auch der vorrangige Ausbau des ostdeutschen Eisenbahnnetzes – mit auf den politischen Einfluss der ostelbischen Großgrundbesitzer in Berlin zurückgeführt werden. Dennoch ebneten die sog. Dotationsgesetze seit 1873 den Weg zu einer modernen Politik des

Vergrößerung des
West-Ost-Gefälles
verhindert

regionalen Wohlstandsausgleichs, die im Ergebnis eine weitere Vergrößerung des West-Ost-Gefälles verhinderte.

Auch in Bayern oder Sachsen wurden Lokalbahnen bzw. Schmalspurbahnen mit dem Ziel der Regionalentwicklung gebaut und Sondertarife sowie ermäßigte Pendlertarife eingeführt. In den letzten drei Jahrzehnten des 19. Jahrhunderts erweiterte der sächsische Staat das Eisenbahnnetz um rund 1800 Kilometer. Dafür wurde eine Staatsverschuldung von über einer Milliarde Mark in Kauf genommen.

Bundesstaaten för-
dern erneut Kleinge-
werbe und Fach- und
Gewerbeschulwesen

Nach der Reichsgründung förderten viele Bundesstaaten – oft freilich als verdeckte Sozialpolitik – erneut das Kleingewerbe und bauten das in seiner Bedeutung für einen anhaltenden industriellen Wachstumserfolg kaum zu überschätzende Fach- und Gewerbeschulwesen aus. Nach der Wende zum 20. Jahrhundert wurden in einigen größeren Bundesstaaten Landesgewerbeämter als Zentralstellen der in ihrer Effektivität sehr divergierenden Förderinstitutionen und -aktivitäten eingerichtet (Preußen 1905, Baden 1906, Bayern 1907).

4.3 Der Staat als Unternehmer, Investor und Auftraggeber

Die Bundesstaaten
als Unternehmer,
Arbeitgeber und
Investoren

Mit der Verstaatlichung der Eisenbahnen wurde der preußische Staat endgültig zum Unternehmer großen Stils. An der Wende zum 20. Jahrhundert stand er damit dem weltweit größten Unternehmen überhaupt vor. Aber auch die meisten anderen Bundesstaaten waren vermutlich die größten Unternehmer in ihren Gebieten. Fast alle Salinen, zahlreiche Forsten, landwirtschaftliche Domänen, aber auch Industrieunternehmen und Teile des Bergbaus waren entweder ganz in staatlicher Hand oder der Staat hielt Beteiligungen an privatrechtlichen Unternehmen. Allein bei den staatlichen Eisenbahnen waren im Jahre 1907, rechnet man die Beschäftigten der Staatsbahnen Preußens, Badens, Bayerns, Württembergs und Sachsens zusammen, nahezu 700 000 Arbeiter und Beamte beschäftigt.

1913 betrug der Anteil der gesamten Erwerbseinkünfte an den ordentlichen Staatseinnahmen aller Bundesstaaten im Durchschnitt etwa 30 Prozent. Diese große Bedeutung der Unternehmensgewinne, v. a. der Eisenbahnen, für die Staatseinnahmen führte zwar zu Differenzen zwischen Finanzministern einerseits und Eisenbahnverwaltungen andererseits, aber nicht zu unlösbaren Konflikten. „Dass fiskalische und entwicklungspolitische Ansprüche letztlich miteinander verbunden werden konnten, lag am dynamischen Wachstumsprozess dieser Zeit" (Ambrosius).

Hoher Anteil der Gewinne an den Staatseinnahmen

Auch das Reich schuf sich mit der Reichspost ein riesiges Unternehmen, wurde Eigentümer der Eisenbahnen in Elsass-Lothringen, gründete Werften und Militärwerkstätten. Von den 340 000 Beschäftigten der Reichsbetriebe im Jahre 1907 arbeiteten allein 277 000 bei der Post. Die Reichspost war aber nicht nur wegen ihrer hohen Beschäftigtenzahl von gesamtwirtschaftlicher Bedeutung, sondern auch, weil sie im Zentrum eines gewaltigen Wachstums- und Innovationsprozesses des Nachrichtenwesens stand, den man zutreffend als Kommunikationsrevolution bezeichnet hat: Die Zahl der beförderten Briefe stieg von 985 Millionen im Jahre 1883 auf 6,8 Milliarden im Jahre 1913. Nicht nur wurde das Netz der Telegrafenanstalten immer dichter, es begann auch die Ära des Telefons. Wurden 1883 erst 8 Millionen Ortsgespräche vermittelt, so waren es 1913 1,86 Milliarden. Von der zügigen Verbesserung und Verbilligung der Kommunikationsmöglichkeiten gingen wichtige integrative Wirkungen und Wachstumsimpulse für den neuen, einheitlichen Wirtschaftsraum aus. Die Unternehmenspolitik der Reichspost war auf diese raumordnungspolitische Integration angelegt. Nach der Jahrhundertwende standen dann vollends „allgemeine gesellschaftliche Ziele im Vordergrund, allen voran der Ausbau eines möglichst flächendeckenden Telefonnetzes" (Hesse). Die neuen Erweiterungsinvestitionen mussten in immer größerem Umfang durch Reichsanleihen, d. h. über Staatsverschuldung, finanziert werden.

Das Reich als Unternehmer, Arbeitgeber und Investor

Die Post im Zentrum einer Kommunikationsrevolution

Die Post besaß nicht nur quasi ein Anbietermonopol – 1900 wurde das Postmonopol auf den städtischen Briefverkehr ausgedehnt –, sondern auch ein Nachfragemonopol für bestimmte Warengruppen wie Telegrafen- und Telefonkabel, Telefonapparate usw. Zwei wichtige Branchen der damaligen Wirtschaft waren in erheblichem Umfang von staatlichen Aufträgen abhängig: der Lokomotiv-, Waggon- und Anlagenbau von den zunehmend verstaatlichten Bahnen (Auftragsvolumen 1913: fast 5 Milliarden Mark), die sich rasant entwickelnde elektrotechnische Industrie bis in die 1890er Jahre vollständig, dann abnehmend, von der Post. Es ist bisher kaum erforscht, ob durch Art und Umfang staatlicher Auftragsvergabe bewusste Wachstumssicherung, nicht nur im Allgemeinen, sondern auch als konjunkturglättende Maßnahme betrieben wurde. Entsprechende programmatische Willensbekundungen gab es freilich. So erklärte bereits der Preußische Minister für Handel und Gewerbe bei den Verhandlungen über die Verstaatlichung der preußischen Eisenbahnen: „Durch Übernahme der Bahnen wird der Staat in hohem Maße Arbeitgeber der Industrie. Es ist seine vornehmste Aufgabe, in dieser Stellung konjunkturregelnd zu wirken."

Über Ausmaß, Intentionen und Wirkungen staatlicher Subventionspolitik und Auftragsvergabe für die Schiffbauindustrie, die von den Spitzen des wilhelminischen Deutschlands an der Jahrhundertwende gar zu einem zukünftigen Leitsektor der Wirtschaftsentwicklung auserkoren wurde, ist der Kenntnisstand sehr viel besser. Nachdem im Flottengründungsplan von 1873 der Grundsatz festgeschrieben worden war, auch bei höheren Preisen deutsche Kriegsschiffe nur noch auf deutschen Werften herzustellen, riss die Kette staatlicher Fördermaßnahmen zugunsten der Schiffbauindustrie nicht mehr ab. Vom Dampfersubventionsgesetz von 1885 über die staatlich initiierte Auftragssicherung einer neuen Generation von Schnelldampfern für die Stettiner Vulkanwerft 1888 lässt sich eine Linie zu Großadmiral von Tirpitz, dem Staatsekretär des Reichsmarineamtes ziehen, der der staatlichen Förderung des Schiffbaus eine bis dahin unbekannte Systematik und Dynamik verlieh. Handelsschiffbau und Kriegsschiffbau waren für Tirpitz in der Zielsetzung einer Förderung der sog. Seeinteressen des Reiches, die Großmachtstellung, gesellschaftlichen Status quo und langfristige Wachstumschancen zugleich sichern sollten, untrennbar miteinander verbunden. Nur eine blühende Werftindustrie konnte eine reibungslose Realisierung des vom Marineamt konzipierten Rüstungsprogramms ermöglichen. Auf Basis exakter Daten über die gesamte deutsche Schiffbauindustrie leitete daher die Reichsregierung seit Som-

Reich und Bundesstaaten als Auftraggeber

Auftragsvergabe als Konjunkturpolitik?

Staatliche Förderung der Schiffbauindustrie

Sicherung von Wachstumschancen

mer 1899 eine Politik ein, „mit deren Hilfe die standort- und entwicklungsgeschichtlich bedingten Nachteile dieses Industriezweiges gegenüber England endgültig aufgehoben und insbesondere die Konjunkturzyklen geglättet werden sollten" (Epkenhans). So hob das Reichsmarineamt 1904 stolz hervor, dass das Flottengesetz „nicht nur auf den deutschen Schiffbau, sondern auch auf weite industrielle Gebiete von bedeutendem, dort krisenverhütenden, hier krisenmildernden Einfluss" sei.

Rechtfertigung von Hochrüstung als Konjunkturpolitik

Obwohl der wertmäßige Anteil der Rüstungsproduktion am gesamten deutschen Schiffbau bald im Durchschnitt jährlich mehr als 30 Prozent, bei einigen Großwerften mehr als 50 oder 60 Prozent betrug, hatten die Werften, die an der Weltschiffbaukonjunktur vorbeiinvestierten und immer noch viel teurer arbeiteten als die britischen Werften, schließlich mit Überkapazitäten und sinkenden Erträgen zu kämpfen.

Staatsintervention befördert Fehlentwicklung

4.4 Expansion der Staatsaufgaben: Stadt und Staat als Garanten sozialer Stabilität im Industriesystem

Die Entfaltung der sog. Leistungsverwaltung der Kommunen als „Untergliederungen" des Staates (W. Fischer), die mit einer rasanten Zunahme öffentlicher Unternehmertätigkeit in der Form kommunaler Betriebe seit 1870 einherging, muss als integraler Bestandteil einer wachsenden Staatstätigkeit begriffen werden – „nicht in der Intention der staatlichen und kommunalen Organe, wohl aber hinsichtlich der Funktionen, die wahrgenommen wurden" (Langewiesche).

Kommunen Bestandteil wachsender Staatstätigkeit

Die öffentliche Gewährleistung eines anhaltenden Wirtschaftswachstums verlangte auch im lokalen Bereich eine entsprechende Infrastruktur, die über Kommunikation und Transport hinaus die Stadt als sozialen Lebensraum für die industrielle Wohnbevölkerung erschloss. Hatten die Kommunen bis ca. 1850 ihre Verwaltungstätigkeit zumeist auf Ordnungsaufgaben beschränkt, so begannen sie danach – beschleunigt seit den 1870er Jahren – in Reaktion auf die neuen Herausforderungen einer Industriegesellschaft den städtischen Lebensraum zu gestalten und „Daseinsvorsorge" zu betreiben. Zu den Feldern der modernen Leistungsverwaltung gehören Entsorgungssysteme wie Kanalisation, Kläranlagen und Müllabfuhr; öffentliche Verkehrsmittel; Einrichtungen zur Förderung des Wirtschaftslebens wie etwa Markt- und Messehallen oder Betriebe der Lebensmittelversorgung; soziale Einrichtungen, z.B. Krankenhäuser; auch kulturelle Einrichtungen, etwa Museen und Theater; Versorgungsunternehmen v.a. für Wasser, Gas und Elektrizität.

Ausbau kommunaler Infrastruktur

Leistungsverwaltung und „Daseinsvorsorge"

Kommunen als
Unternehmer,
Arbeitgeber und
Investoren (Muni-
cipalsozialismus)

In all diesen Bereichen erwarben die Kommunen öffentliches Eigentum an Produktionsmitteln (Municipalsozialismus), wurden zu Unternehmern, indem sie bereits vorhandene private Betriebe in den Bereichen der Gas- und Wasserversorgung sowie des Nahverkehrs nach Ablauf der ersten, langfristig abgeschlossenen Konzessionsverträge kommunalisierten oder eigene Betriebe gründeten. 1907 gab es bereits 14762 Eigenbetriebe von Gemeinden und kommunalen Verbänden mit 190000 Beschäftigten. Die Kommunen tätigten diese Investitionen, weil sie lokalen Bedürfnissen entsprachen, die weder vom Reich oder den Bundesstaaten – aus verfassungs- und verteilungspolitischen Gründen – noch offenbar von privaten Investoren befriedigt werden konnten. „Die Privatwirtschaft vernachlässigte sie, weil sie erhebliche Geldsummen banden, die – ohne besondere Vereinbarungen zwischen Privatunternehmern und Gemeinden – keine angemessene Verzinsung versprachen" (R. Tilly). Die beginnende Hochindustrialisierung führte zu komplexen Herausforderungen, die nach Auffassung der meisten Zeitgenossen sowohl im überlokalen Verkehrssektor als auch in der kommunalen Infrastruktur durch private Unternehmungen entweder gar nicht oder nur mit erheblichen Defiziten hätten bewältigt werden können. Zunehmend trat deshalb neben das private, nach Gewinnmaximierung strebende Eigentum, das freilich im Kaiserreich das zentrale Ordnungselement blieb, das öffentliche, gemeinwirtschaftlich orientierte.

Kommunen für
Sozialfürsorge
zuständig

Zentralstaatliche
Sozialpolitik seit
1883

Die soziale Daseinsvorsorge, insbesondere die Armenfürsorge, blieb bis in die späten 1880er Jahre weitgehend den Kommunen überlassen. Die größeren Städte wuchsen darüber hinaus in neue Aufgabenfelder (etwa Arbeitsvermittlung, Arbeitslosenhilfe) hinein, die der Zentralstaat erst in der Weimarer Republik zu übernehmen bereit war. Mit den Sozialversicherungsgesetzen der 1880er Jahre gewann das Reich als Zentralstaat aber – früher als in anderen europäischen Staaten – eine in neue Dimensionen führende Rolle in der sozialen Daseinsvorsorge. Die krisenhafte Wirtschaftsentwicklung drängte den Staat auch auf sozialem Feld zur aktiven Begleitung des Industrialisierungsprozesses. Diese Politik – durchaus in der Tradition der „Reform von oben" –, die sich partiell über Unternehmerinteressen hinwegsetzen musste, zielte auf die Bestandssicherung des Wirtschafts- und Gesellschaftssystems des gerade erst etablierten Reiches, das durch die Entfremdung größerer Bevölkerungsteile vom Staat und die Wahlerfolge der als radikale

Sozialversiche-
rungsgesetze

Systemopposition auftretenden Sozialdemokratie bedroht schien. Die bereits in der „Kaiserlichen Botschaft" von 1881 avisierten Sozialversicherungsgesetze, die Krankenversicherungsgesetzgebung 1883, das

Unfallversicherungsgesetz 1884 und die Einführung der Invaliden- und Altersversicherung 1889 müssen deshalb in engem Zusammenhang mit den sog. Sozialistengesetzen von 1878 (Verbot der SPD bis 1890 und der an ihr orientierten Gewerkschaften) gesehen werden. Erstaunlich wenig Widerspruch in der Unternehmerschaft fand das vom Staat eingeforderte Prinzip der Zwangsversicherung unter dezidierter Ausklammerung der Privatversicherungswirtschaft, obwohl die Unternehmer 30 Prozent der Beiträge zur Krankenversicherung und 50 Prozent der Beiträge zur Altersversicherung leisten mussten und die Unfallversicherung vollständig von ihnen getragen wurde. Die staatliche Politik der Beschränkung auf eine wirksame Zwangsversicherung hatte für die Unternehmer den Vorteil, dass für die Arbeitsbeziehungen das Prinzip des „freien Arbeitsvertrags" erhalten blieb und nur die sozialen Folgekosten des privatautonomen Wirtschaftssystems durch staatlichen Zwang reguliert wurden. *(Vorerst Ausklammerung der Arbeitsbeziehungen)*

Ungeachtet der unterschiedlichen Motive in Unternehmerschaft, Reichsregierung und Parlament waren die sozialen Wirkungen der Versicherungsgesetze schon auf mittlere Frist hin ansehnlich, wenn auch die Leistungen für geraume Zeit nur einem begrenzten Personenkreis, der Industriearbeiterschaft, zuteil wurden. *(Korrektur von Marktergebnissen durch Zwangsversicherung)* Die von der Invaliden- und Altersversicherung ausgezahlten Renten waren aber lediglich eine Einkommenshilfe von mehr symbolischer als materieller Substanz. Dennoch war die Durchsetzung der obligatorischen Rentenversicherung für Arbeiter ein politischer Kraftakt, der einer starken Staatsautorität bedurfte. *(Rentenversicherung bedarf starker Staatsautorität)* Denn außerhalb Deutschlands wurden entsprechende Versicherungen erst seit 1910, d. h. fast 25 Jahre später, eingeführt und erfassten häufig nur relativ kleine Gruppen der Arbeitnehmer.

In den frühen 1890er Jahren, nach dem Sturz Bismarcks und der sog. Neuen Ära, schien es für kurze Zeit, dass der Staat zu einer umfassenden Sozialpolitik durch den Übergang von der reinen Versicherungsgesetzgebung zu einer konsequenten Arbeiterschutzgesetzgebung in der Lage wäre. *(Übergang zur Arbeiterschutzgesetzgebung)* Die Gewerbeordnungsnovelle von 1891 enthielt an wichtigen staatlichen Regelungen aber lediglich das Verbot der Sonntagsarbeit und die Festsetzung eines Maximalarbeitstages für Frauen (11 Stunden) und Jugendliche (10 Stunden). Während ein großer Teil der Sozialversicherungsgesetze mit Zustimmung und Mitarbeit von Wortführern der Wirtschaft realisiert worden war, stieß die Sozialpolitik des „neuen Kurses" auf scharfe Ablehnung der Unternehmerverbände.

1896 folgte ein drastischer Schwenk der staatlichen Sozialpolitik von der Arbeiterschutz- zur sog. Mittelstandspolitik, die auf eine Stabi- *(Staat will Mittelstand stabilisieren)* lisierung und Förderung des Handwerks und der mittleren Bauern zielte. Dadurch sollte einer möglichen Proletarisierung kleiner selbständiger Existenzen entgegengearbeitet und deren Wählerstimmen den staatstragenden Parteien erhalten werden. Der Staat entschied sich gegenüber dem Handwerk zu einer maßvollen Schutzpolitik, indem er ansatzweise den öffentlich-rechtlichen Charakter seiner Korporationen **Partielle Einschrän-** wiederherstellte und die Gewerbefreiheit partiell einschränkte. Die **kung der Gewerbe-** staatlichen Revisionen der handwerklichen Gewerbeverfassung seit der **freiheit im Hand-** Gewerbeordnungsnovelle von 1897 liefen letztlich darauf hinaus, zwar **werk** einen freien Marktzutritt zu gewährleisten, aber den freien Wettbewerb zu begrenzen. Diese Politik dürfte „vielen Meistern und Gesellen einen gleitenden, sozial abgesicherten Übergang in moderne Produktionsstrukturen" (Kaufhold) ermöglicht haben. 1899/1900 wurden zudem in **Warenhaussteuern** Bayern und Preußen Warenhaussteuern eingeführt, die den Kleinhandel vor der Konkurrenz der großen Kaufhäuser schützen sollten.

Ende 1907 versuchte die Reichsregierung unter von Bülow trotz anhaltender Kritik aus der Unternehmerschaft und der Mittelstandsbewegung mit dem Motto „Nun erst recht Sozialpolitik" schließlich noch einmal eine sozialpolitische Offensive. Bis auf die Liberalisierung des Vereinsrechts, das etwa die gewerkschaftliche Organisierung erleich- **Reichsversiche-** terte, und die Reichsversicherungsordnung von 1911, die freilich nicht **rungsordnung 1911;** die erhoffte Vereinheitlichung in der Arbeiterversicherung brachte und **Abschluss des So-** den Angestellten noch dazu einen Sonderstatus einräumte, scheiterte **zialversicherungs-** das Bülowsche Reformprojekt. 1911 verkündete die Reichsregierung **systems** offiziell den Abschluss des Sozialversicherungssystems, was den endgültigen Verzicht auf eine staatliche Arbeitslosenversicherung implizierte.

Kein institutionali- Trotz des unübersehbaren Aufschwungs der Gewerkschafts- und **sierter sozialer Inte-** Tarifvertragsbewegung zeigte sich der Staat unfähig, institutionelle **ressensausgleich** oder legislative Hilfestellungen anzubieten, um die Interessensvermittlung zwischen Arbeit und Kapital zu befördern. Von Tarifverträgen nahmen Staat und Gesetzgebung kaum Notiz. Das Reichsgericht erklärte Tarifverträge 1903 für unverbindlich, schließlich 1910 zwar für verbindlich, aber nicht unabdingbar. Die frühkapitalistische Herrschaft der Unternehmer über die Arbeitsverhältnisse war durch den Staat erheblich eingeschränkt worden. Der Staat hatte neue gesellschaftliche Funktionen übernommen, während sich die große Mehrheit der staat- **Keine korporative** lichen Entscheidungsträger aus ihrer prinzipiellen Antigewerkschafts- **Integration der** einstellung und ihrer Nähe zu harten Unternehmerpositionen bis zum **Gewerkschaften** Ausbruch des Weltkrieges nicht lösen konnte. Das hielt den Eindruck vom Klassenstaat innerhalb der Arbeiterschaft lebendig, trotz aller Sozialpolitik. Darum wurden Verteilungskonflikte in der Wirtschaft um begrenzte Ziele so leicht prinzipielle Konflikte um etwas Grundsätzliches, um die Macht im Staat und um das gesellschaftliche System.

4.5 Wachstum des Staates, Selbstorganisation der Wirtschaft und „produktive Ordnungspolitik"

In der Zeit des Kaiserreiches wuchs der öffentliche Dienst viermal schneller als die Bevölkerung. Insgesamt nahm er ohne das Militär zwischen 1882 und 1907 von 815 000 auf 2,042 Millionen Beschäftigte zu. Sein Anteil an der Gesamtzahl der Erwerbstätigen stieg von 4,6 Prozent auf 8,0 Prozent. Am stärksten wuchs die Leistungsverwaltung, besonders im Bereich der Post, Eisenbahn und kommunale Leistungsverwaltung. Doch gab es keine Behörde deren Personalkapazität nicht beträchtlich erweitert wurde. Das Beamtenpersonal der preußischen Provinzialbehörden, als ein Beispiel für die allgemeine Verwaltung, verdoppelte sich zwischen 1875 und 1911 nahezu. Auch die Zahl der Lehrer verdoppelte sich seit 1875 im gesamten Reich. Die Zahl der Hochschullehrer vermehrte sich von 1873 (1527) bis 1910 (3129) um mehr als hundert Prozent. Insgesamt war die Entwicklung in Deutschland von einer Ausweitung und Auffächerung des Bildungs- und Ausbildungsbereiches und einer Förderung der Grundlagenforschung geprägt – eine wichtige Voraussetzung für die Sicherung anhaltenden wirtschaftlichen Wachstums, nicht zuletzt durch „science based industries". Die 1911 gegründete „Kaiser-Wilhelm-Gesellschaft" mit ihren von einer neuartigen Kombination von Wissenschaft, Wirtschaftsbeteiligung und Staatshilfe getragenen Forschungsinstituten wurde auch im Ausland zum Vorbild für einen neuen, erfolgreichen Typ der außeruniversitären, aber dennoch akademischen Großforschung.

Doch nicht nur die Zahl der Beschäftigten des Reichs, der Länder und Kommunen wuchs erheblich, auch die Staatsausgaben und der Anteil dieser Ausgaben am deutschen Nettosozialprodukt stiegen deutlich an: Pro Kopf der Bevölkerung verfünffachten sich alle öffentlichen Ausgaben (einschließlich der Sozialversicherung) in konstanten Preisen von 22 Mark im Jahre 1872 auf 103 Mark im Jahre 1913. Der Anteil der Staatsausgaben am Nettosozialprodukt erhöhte sich von ca. 10 Prozent Ende der 1870er Jahre auf knapp 19 Prozent im Jahre 1913. Zieht man die sog. Transferzahlungen wie Rentenzuschüsse, Wohlfahrt, Subventionen ab, belief sich der Anteil am Vorabend des Ersten Weltkriegs auf etwas über 15 Prozent. Dabei verlief das Wachstum der Ausgaben der Gebietskörperschaften unterschiedlich. Während sich im

Öffentlicher Dienst wächst viermal schneller als Bevölkerung

Zahl der Lehrer und Professoren verdoppelt sich

Staat fördert „immaterielle Produktion"

Verfünffachung der öffentlichen Ausgaben pro Kopf

Anteil der Staatsausgaben am Nettosozialprodukt 1913 bei 19 Prozent

Zeitraum von 1881 bis 1913 die Ausgaben der Bundesstaaten vervierfachten, versechsfachten sich jene von Reich und Kommunen. Die raschere Expansion der Ausgaben des Reiches waren v. a. den steigenden Rüstungsausgaben (Heeresreform 1893, Flottenrüstung seit 1899, Hochrüstung seit 1912) geschuldet, die der Kommunen den hohen Investitionsausgaben in die kommunale Infrastruktur. Diese stiegen schneller als die gesamtwirtschaftlichen Investitionen. Öffentliche Ausgaben und Investitionen nahmen einen so großen Umfang an, dass der Staat – selbst wenn er gesamtwirtschaftliche Lenkungsfunktionen überhaupt nicht wahrnehmen wollte – „mit allen seinen Entscheidungen erheblich in den Wirtschaftsablauf eingriff" (W. Fischer). Die bereits 1863 getroffene Prognose des Nationalökonomen Adolph Wagner über eine tendenziell steigende Bedeutung der öffentlichen Aktivitäten in entwickelten Volkswirtschaften (sog. Wagnersches Gesetz) wurde in den Jahrzehnten bis 1914 durchaus bestätigt.

„Wagnersches Gesetz" für Kaiserreich bestätigt

Den wachsenden Ausgaben standen wachsende Einnahmen des Staates aufgrund des Wirtschafts- und Bevölkerungswachstums gegenüber. Trotz hoher Einnahmen aus den staatlichen und kommunalen Eigenbetrieben bildeten die Steuern das Zentrum der öffentlichen Einnahmen. Rund ein Drittel der Einkünfte der Bundesstaaten stammten 1913 aus direkten Steuern auf Einkommen und Vermögen. Der Beitrag der indirekten Steuer an ihrem Steueraufkommen war drastisch zurückgegangen, weil der Löwenanteil der Zölle und Verbrauchssteuern seit 1871 dem Reich zugewiesen wurde. Soweit diese Zoll- und Steuererträge nicht ausreichten, mussten die Bundesstaaten dem Reich als Zuschuss sog. Matrikularbeiträge überweisen. Ab der Jahrhundertwende versuchte das Reich durch kleinere zusätzliche Verbrauchssteuern sein Steueraufkommen zu erhöhen. Seit 1904 kamen schließlich die Zolleinnahmen dem Reich vollständig zugute. 1906 wurde die (sehr geringe) Erbschaftssteuer als erste direkte Steuer und 1913 ein Wehrbeitrag – eine Kombination von Vermögens- und Einkommenssteuer – als einmalige Abgabe dem Reich zugesprochen. Die Reichssteuerpolitik blieb jedoch Stückwerk. Sie konnte die prekäre Finanzsituation des Reiches nicht grundlegend verbessern. Daher ging das Reich zunehmend zur Anleihefinanzierung über. Die Reichsschuld vergrößerte sich von 2 Milliarden Mark im Jahre 1895 auf 4,9 Milliarden Mark im Jahre 1914. Dem Reich fielen 1913 nur 30 Prozent aller öffentlichen Einnahmen zu, den Bundesstaaten in etwa der gleiche Prozentsatz, den Gemeinden hingegen rund 40 Prozent. Aber auch die Gemeinden begannen seit der Jahrhundertwende verstärkt, sich durch Anleihen am Kapitalmarkt zu verschulden. In den letzten Jahren vor dem Ersten

Reich finanziert sich v. a. aus Zöllen und indirekten Steuern

Finanzsituation des Reiches prekär

Öffentliche Verschuldung beginnt private Investitionen zu behindern

Weltkrieg wurde der Kapitalmarkt schließlich erheblich von der Verschuldung der öffentlichen Hand geprägt. Das Zinsniveau wurde nach oben gedrückt und begann die privaten Investitionen in Industrie und Handel zu behindern. Das deutet darauf hin, dass sich offenbar eine Schere zwischen wachsenden Staatsaufgaben und zu langsam steigenden Steuereinnahmen, v. a. durch direkte Steuern, öffnete. Es ist zugleich ein Hinweis auf die Existenz einer expandierenden Schicht sparfähiger bzw. wohlhabender Bürger und damit von Beziehern größerer und kleinerer Zinseinkommen (Rentiers), bei denen der Staat sich verschulden konnte und die – trotz mancherorts kräftig steigender kommunaler Steuern – immer noch unverhältnismäßig gering von der Steuerlast betroffen waren. Die Belastung der breiten Masse der Bevölkerung stieg durch Verbrauchssteuern und Agrarzölle nach der Jahrhundertwende noch einmal kräftig an.

Mit Reformen der Einkommensbesteuerung wie sie in Preußen 1891 unter der Ägide des nationalliberalen Finanzministers von Miquel durchgesetzt wurden – Württemberg folgte dem preußischen Beispiel 1905 und Bayern 1910 – versuchte der Staat auf dieses Spannungsverhältnis zwischen wachsenden Aufgaben und zu geringen Einnahmen bei den direkten Steuern zu reagieren, ohne es jedoch auflösen zu können. Das preußische Einkommensteuergesetz war zwar nach durchaus zukunftsweisenden, einer Wachstumswirtschaft adäquaten Prinzipien gestaltet und ebnete in langfristiger Perspektive den Weg in die modernen Steuerstaat: Es führte die gleichmäßige Staffelung und Progression für höhere Einkommen, die Steuererklärungspflicht ab Einkommen von 3000 Mark und die Einkommensteuerpflicht für Kapitalgesellschaften (Körperschaftssteuer) ein. Die Progression war jedoch sehr gering und endete bei 4 Prozent (!) für Einkommen über 100 000 Mark. Die im preußischen Reformwerk geregelte Übertragung von Einnahmen aus der bundesstaatlichen Grund-, Gebäude- und Gewerbesteuer an die Kommunen und Gutsbezirke sowie die staatliche Erlaubnis auf örtliche Zuschläge zur Einkommensteuer stärkten die Finanzkraft der Kommunen deutlich, aber offenbar nur zeitweilig in ausreichendem Maße.

Trotz des wirtschaftspolitischen Schwergewichts der Bundesstaaten stand das Reich zunehmend im Mittelpunkt der durch die anhaltende Industrialisierung und die wachsende Staatstätigkeit immer notwendiger werdenden Rechtskodifikationen im Steuer-, Verkehrs-, Technik- und Sozialversicherungsrecht. Nicht zuletzt war das Reich auch bei wichtigen Gesetzen federführend, mit denen man regulierend bzw. normsetzend in die Wirtschaftstätigkeit einzugreifen suchte: das

Preußische Einkommensteuerreform zukunftsweisend

Finanzkraft der Kommunen nur zeitweilig gestärkt

Reich als Initiator großer Rechtskodifikationen

Normsetzende Wirtschaftsgesetzgebung

Wuchergesetz von 1880; die Novelle des Aktienrechts von 1884, die die Stellung der Kapitalgeber und die Kontrolle von Aktiengesellschaften stärkte (Aufsichtsrat); das Börsengesetz von 1896, das die Rechtsverhältnisse der Börsen reichseinheitlich regelte, den Terminhandel erschwerte und den Getreideterminhandel verbot; die Novelle der Gewerbeordnung von 1897, die im Handwerk den freien Wettbewerb einschränkte; das Reichsgesetz zu den privaten Versicherungsunternehmen von 1901, das die Position der Versicherungsnehmer verbessern sollte und die Einrichtung einer weiteren Reichsbehörde, das „Kaiserliche Aufsichtsamt für Privatversicherung", im Gefolge hatte; das Gesetz gegen den unlauteren Wettbewerb von 1909.

Interessenverbände gewinnen an Bedeutung

Seit Mitte der 1870er Jahre vergrößerte sich das Gewicht privater Interessenverbände der Wirtschaft, die sich innerhalb von Branchen wie auch auf gesamtwirtschaftlicher Ebene gründeten. Neu und einflussreich waren die Reichsverbände wie der „Centralverband deutscher Industrieller" (1876) und der „Bund der Industriellen" (1895). Neu war auch, dass der Staat nun nicht nur die Kammern, sondern auch die privaten Interessenverbände als legitime Mittler und Sachwalter der Wirtschaft akzeptierte. Die privaten Verbände wurden so zunehmend integraler Bestandteil eines das Kaiserreich prägenden Systems der kollektiven Vertretung und staatlichen Moderierung von Interessen. Zugespitzt ist diese Entwicklung als Etablierung einer „korporativen Marktwirtschaft" (Abelshauser) bezeichnet worden. Auf die Dauer erschien freilich auch der Industrie der Weg über die Einflussnahme in den Parlamenten, v. a. im Reichstag, unverzichtbar. Besonders der rechte Flügel der Nationalliberalen machte sich seit der Jahrhundertwende zu einem Sprecher industrieller Interessen.

Reichstag gewinnt an Bedeutung für Industrie

„Duales System" von Kammern und privaten Verbänden

Nicht nur im gewerblich-industriellen Sektor, auch in der Landwirtschaft und im Handwerk entwickelte sich ein duales System von Landwirtschaftskammern und Handwerkskammern (1897) auf der einen Seite und privaten Verbänden wie dem „Bund der Landwirte" (1893) oder dem „Allgemeinen Deutschen Handwerkerbund" (seit 1883) auf der anderen Seite. „Auch hier versuchten sich Staatsregierungen und Reichsregierung mit Hilfe von Kammern als staatskorporatistische Organisationsform zu entlasten und gleichzeitig die private Lobby zu unterlaufen" (Ambrosius).

Wettbewerb bleibt maßgebliches Ordnungsprinzip

Zwar blieb im Kaiserreich der Wettbewerb das maßgebliche Ordnungsprinzip der Wirtschaft, aber durch die Konzentrationsprozesse in der Grundstoff-, Schwer-, Chemie- und Elektroindustrie sowie durch die Bildung von Kartellen und Syndikaten begann seit 1890 in zahlreichen Branchen das Prinzip der Absprache über einheitliche Preise oder

Produktionsmengen das Prinzip des Wettbewerbs zu ergänzen oder bisweilen gar zu überlagern. Die wettbewerbliche Marktordnung wurde von Exekutive, Legislative und Jurisdiktion nicht besonders geschützt. Vielmehr wurde Kartellvereinbarungen die wohlwollende Billigung und teilweise aktive Unterstützung durch Reichsbehörden und Rechtsprechung zuteil. 1890 und 1897 ergingen Urteile des Reichsgerichts, die Kartellen die volle privatrechtliche Legitimität verliehen, sie mit der Gewerbefreiheit vereinbar erklärten und als dem öffentlichen Interesse dienlich bewerteten. Wie bereits in der Wirtschaftspolitik gegenüber dem Handwerk hielt der Staat offiziell an der Gewerbefreiheit fest, ließ aber Einschränkungen der Wettbewerbsfreiheit zu. Offenbar gewann das Prinzip der „regulierten Konkurrenz" als ein neues Leitbild staatlicher Wirtschaftspolitik an Boden. Leitbild der „regulierten Konkurrenz" gewinnt Boden

Der Gesamtanteil der Kartelle am Produktionswert der deutschen Industrie soll 1907 etwa 25 Prozent betragen haben. Auch in kleinen, älteren Industriezweigen wie der Pforzheimer Schmuckindustrie oder der Solinger Schneidwarenindustrie etablierten sich – häufig unterhalb der Ebene offizieller Kartelle – Systeme von Verträgen und Absprachen, die an Strukturelemente der Produktionsorganisation vor der Gewerbefreiheit anzuknüpfen suchten. Dennoch darf die tatsächliche Marktmacht der Kartelle und Branchenorganisationen nicht überschätzt werden. Neben einigen Montankartellen, v. a. dem „Rheinisch-Westfälischen Kohlensyndikat", haben offenbar nur das Zuckerkartell und das Spirituskartell über einen längeren Zeitraum marktbeherrschende Quoten erreicht. Auch war die Kooperation von Staat und Teilen der kartellierten Wirtschaft zunehmenden Spannungen unterworfen. Die bestehende oder anvisierte Monopolstellung von Syndikaten des Kohle- und Kalibergbaus veranlasste den preußischen Staat nach der Jahrhundertwende, die mit der Deregulierung des Bergbaus in den 1850/60er Jahren eingeführte unternehmerische Freiheit erneut einzuschränken. Nach der Berggesetznovelle von 1905 und einem Folgegesetz von 1907 konnte nur noch der Staat selbst Bergwerkseigentum erlangen, wenn er das Recht nicht Dritten überließ. Damit sollte einem weiteren Machtzuwachs der Syndikate Einhalt geboten werden. In die gleiche Richtung zielte der Versuch des preußischen Staates, sich 1904/05 durch den Ankauf der großen Ruhrzeche „Hibernia" von den überteuerten Kohlelieferungen des „Rheinisch-Westfälischen Kohlensyndikats" an die Staatsbahn unabhängig zu machen.

Umfang der Kartellbildung nicht unbedeutend

Tatsächliche Marktmacht der Kartelle geringer

Zunehmende Spannungen zwischen Staat und einzelnen Kartellen

Die Wirtschaftspolitik des Kaiserreichs war seit den späten 1870er Jahren in ihrem Kern „produktive Ordnungspolitik" (Abelhauser). Sie verfolgte das Ziel einer Mobilisierung produktiver Kräfte statt

Wirtschaftspolitik im Kern „produktive Ordnungspolitik"

laissez-faire durch Infrastrukturpolitik im weitesten Sinne – einschließlich einer regionalen Entwicklungspolitik sowie einer, die „immaterielle Produktion" fördernden Ausbildungs-, Bildungs- und Wissenschaftspolitik. In der Außenwirtschaftspolitik setzte sie nicht mehr auf die positiven Wirkungen des Freihandels, sondern auf einen pragmatischen, „aufgeklärten" (Abelshauser) Protektionismus setzte. Die staatliche Ordnungspolitik sollte den Entwicklungsrahmen der Wirtschaft verbessern, um unternehmerische Aktivität anzuregen, räumlich zu lenken und produktiver zu gestalten. Zugleich zielte die aktive staatliche Begleitung und Moderierung der Industrieentwicklung aber auch auf

die Wahrung der gesellschaftlichen Stabilität durch eine von der Arbeiterbewegung herausgeforderte Sozialpolitik der Zwangsversicherung und des begrenzten Arbeiterschutzes sowie durch eine milliardenschwere Umverteilungspolitik zugunsten der Landwirtschaft und der östlichen Landesteile. Indem der Staat auf diesem Weg Marktergebnisse zu korrigieren suchte, betrieb er freilich nicht nur Ordnungspoli-

tik, sondern griff erheblich in den Wirtschaftsablauf ein. Seit den 1890er Jahren nahmen offenbar auch die Versuche einer direkten Beeinflussung des Wirtschaftsablaufs durch antizyklische Erhöhung der Staatsausgaben zu, etwa durch das zeitliche Vorziehen von Staatsaufträgen. Zumindest zeigen die Quellen, dass man durchaus schon in diesen Kategorien denken konnte.

Im späten Kaiserreich hatte der Staat mithin bereits die wichtigsten Politikmuster zur intervenierenden Moderierung und sozialen Stabilisierung des Industrialisierungsprozesses sowie zur korporativen Integration wirtschaftlicher Interessen in die Entscheidungsfindung, welche die Staatstätigkeit im 20. Jahrhundert in Deutschland prägen sollten, ausgebildet. Vom Sozialstaat der Weimarer Republik oder der Bundesrepublik unterschieden ihn freilich noch die geringe soziale Umverteilungswirkung seiner auf die Arbeiterschaft zielenden Sozialpolitik, die nur gering ausgeprägte Regulierung des Arbeitsmarktes sowie die Ausklammerung der Gewerkschaften aus dem korporativen Interessenausgleich. Für eine antizyklische Konjunkturpolitik, wie sie vom bundesdeutschen Staat in den 1960er bis 80er Jahren mit mäßigem Erfolg betrieben wurde, fehlten dem Staat des späten Kaiserreichs nur teilweise die theoretischen Einsichten, mehr jedoch die finanziellen und institutionellen Mittel – nicht zuletzt wegen der weit niedrigeren Steuerquote sowie der „Supranationalität" des Geldes im Goldstandard und der damit eingeschränkten Möglichkeiten der Reichsbank.

II. Grundprobleme und Tendenzen der Forschung

1. Die Rolle des Staates im deutschen Industrialisierungsprozess

In der historischen Forschung besteht heute weitgehende Einigkeit darüber, dass die deutsche Industrialisierung keine „staatliche Veranstaltung", kein vom Staat federführend gesteuerter Vorgang war und auch nicht sein konnte. Vielmehr werden seit geraumer Zeit die eigenständige Dynamik marktwirtschaftlicher Entwicklung, regionale über Staatsgrenzen hinweg in Europa vernetzte Industrialisierungsprozesse und eine zunehmend selbstbewusster auftretende Unternehmerschaft als vorwärts treibende Elemente hervorgehoben, die sich in den 1840er Jahren sogar gegen staatliche Leitungsansprüche und Eindämmungsversuche behaupten mussten [160: TILLY, Kapital; 105: BOCH, Grenzenloses Wachstum; 109: BROSE, Politics of Technological Change]. Dennoch erscheint es übertrieben und wenig überzeugend, deshalb die Rolle der Staatsbürokratien, insbesonders in Preußen, bei der Ingangsetzung, Aufrechterhaltung und Moderierung gewerblich-industrieller Wachstumsprozesse als eher vernachlässigbar zu deklarieren und/oder allein auf die Herstellung allgemeiner gesetzlicher Rahmenbedingungen für eine erfolgreiche Industrialisierung zu reduzieren [so mehr oder weniger explizit bei 285: POLLARD, Peaceful Conquest; 275: LEE, Economic Development; 295: TIPTON, Government Policy].

Industrialisierung keine „staatliche Veranstaltung"

Rolle des Staates marginal?

1.1 Merkantilismus und Gewerbeentwicklung

Die Frage, welchen Beitrag die merkantilistische Politik, v. a. die preußische „Staatswirtschaft" des 18. Jahrhunderts, für die ökonomische Entwicklung des deutschsprachigen Raums, mithin auf längere Sicht auch für die Industrialisierung, geleistet hat, ist in der deutschen Geschichtswissenschaft sehr unterschiedlich beantwortet worden. In Reaktion auf die überaus positiven Urteile älterer „borussophiler" Histori-

Kritik an Effizienz preußischer „Staatswirtschaft"

ker in der Nachfolge von G. SCHMOLLER [13: Acta Borussia] wurden seit den späten 1950er Jahren in vergleichenden Studien [99: BARKHAUSEN, Staatliche Wirtschaftslenkung; 137: KISCH, Preußischer Merkantilismus] mit fortgeschrittenen Gewerberegionen im Westen die überlegene Dynamik und Leistungsfähigkeit einer „staatsfreien", keinen merkantilistischen Steuerungsversuchen unterworfenen Unternehmerschaft hervorgehoben. Allzu aktiv habe sich gerade der preußische Staat in alles hineingemischt, dadurch den privaten Unternehmergeist gelähmt, häufig Manufakturen ohne echten Bedarf geschaffen und sie mit Privilegien und Monopolrechten künstlich vor der Konkurrenz geschützt.

Eher positives Urteil vorherrschend

Dagegen hat W. TREUE auch in seinen späten Arbeiten an dem positiven Urteil über die preußische Merkantilpolitik festgehalten [296: Wirtschafts- und Technikgeschichte] und auch K. H. KAUFHOLD neigt einer positiven Beurteilung der – freilich nach Zeit und Gewerbesektor recht unterschiedlichen – preußischen „Staatswirtschaft" des 18. Jahrhunderts [131: Leistungen; 133: Preußische Staatswirtschaft] zu. Im Gegensatz zum entwickelten Westen habe in den östlichen Teilen Deutschlands nur der Staat ökonomische Fortschritte und eine Zunahme des Wohlstandes in Gang bringen können. Gerade die preußischen Kernlande östlich der Elbe hätten eine erheblichen Teil ihres wirtschaftlichen Rückstandes zwischen 1650 und 1800 aufgeholt. Privilegien und Monopole dürften nicht durchweg negativ bewertet werden: Sie gaben neuen Unternehmen in der schwierigen Anlaufphase Schutz vor einer Konkurrenz, die sie nicht hätten bestehen können. Auch die hohen Militärausgaben des Staates sieht KAUFHOLD nicht einseitig negativ. Dagegen habe die permanente Bildung eines Staatsschatzes – er wurde in den Kriegen gegen das revolutionäre Frankreich in den 1790er Jahren aufgebracht – eindeutig wachstumshemmend gewirkt. Schließlich sei durch die Unfähigkeit des Staates, die feudalen Bindungen der Bauern aus Rücksicht auf das staatspolitische Gewicht des Adels zumindest zu lockern, eine nachhaltige landwirtschaftliche Produktionssteigerung behindert worden.

Merkantilismus stärkt Wirtschaftskraft

Wie K. BORCHARDT in den späten 1970er Jahren [17: Grundriß, 24 ff.] kommt unlängst auch C. BUCHHEIM zu einem eher positiven Gesamturteil über die merkantilistische Politik der frühneuzeitlichen Territorialstaaten. Bei aller Kritik an ihren vielfältigen Wettbewerbsbeschränkungen habe sie trotzdem in der Regel die Angebotsbedingungen der Wirtschaft deutlich verbessert: durch Kultivierung brachliegender Flächen, durch Arbeitskraft- und Know-how-Import, durch Befreiung der Unternehmerinitiative vom Zunftzwang oder durch Erhöhung des Geldumlaufs. In einer Zeit, in der es viele unterbeschäftigte Ressourcen gab und Geld aus Edelmetall bestand, mithin anders als Papiergeld nicht beliebig vermehrbar war, sei das Streben nach einem Außenwirtschaftsüberschuss mit dem Ergebnis eines Imports von Gold- und Silbergeld rational gewesen. [254: Einführung, 85]. W. MAGER hat bereits vor geraumer Zeit ein ebenfalls eher positives Fazit der Epoche merkantilistischer Wirtschaftsförderung gezogen [144: Absolutistische Wirtschaftsförderung]. Er wirft aber die Frage auf, warum trotz offenkundiger Erfolge die Wirtschaftspolitik der absoluten Monarchien nicht in die Industrielle Revolution einmündete? Als ausschlaggebend wertet er die Beibehaltung der überkommenen ständisch-genossenschaftlichen Sozialstrukturen und der hierin begründeten regionalen Binnenschranken. Aus der Verzahnung des Staates mit adlig-patrizischen (bzw. zunftmäßig gefassten) Führungsschichten in Stadt und Land, deren Subsistenz und Konsistenz in vergleichsweise archaischen Produktionsverhältnissen wurzelten, resultierten – so MAGER – die Wachstumsschranken der Ökonomie im Spätmerkantilismus. Der Durchbruch zu einer schrankenlosen Wachstumsökonomie setze eine privatisierende und rechtsegalisierte Gesellschaft voraus. Damit verweist Mager auf den Übergang zur Privatrechtsgesellschaft in der Französischen Revolution und auf die liberalen Gesellschafts- und Wirtschaftsreformen in Deutschland nach 1806, mithin auf den Bereich eines beschleunigten „institutionellen Wandels" durch politisches Handeln.

Inhärente Wachstumsschranken

Wachstumsökonomie bedarf rechtsegalisierter Gesellschaft

1.2 Der industrialisierungsfördernde Staat – eine preußische Legende?

Im 20. Jahrhundert haben zahlreiche Historiker mehrerer Generationen im Anschluss an die von H. VON TREITSCHKE [33: Deutsche Geschichte im 19. Jahrhundert] und G. SCHMOLLER [13: Acta Borrusica] begründete „borussophile" Sicht der Rolle des preußischen Staates, auch den Einfluss dieses Staates auf die anlaufende Industrialisierung als bedeutend oder zumindest sehr förderlich beschrieben [v. a. 31: SCHNABEL, Deutsche Geschichte; 127: HENDERSON, The State and the Industrial Revolution; 46: FACIUS, Wirtschaft und Staat; 296: TREUE, Wirtschafts- und Technikgeschichte]. Darüber hinaus wurden eine größere Anzahl von Arbeiten – mit häufig sehr eingeschränkter, die Komplexität preußischer Wirtschaftspolitik selten erfassender Perspektive – prominenten Spitzenbeamten der Staatsbürokratie oder einzelnen Regionen oder Institutionen der Wirtschaftsförderung gewidmet, die durchweg den

„Borussophile" Sicht auf Staat im 19. Jahrhundert

positiven Beitrag zum Industrialisierungsprozess hervorhoben [darunter 157: SCHRADER, Die Geschichte der Königlichen Seehandlung; 150: VON PETERSDORFF, Friedrich von Motz; 300: WUTKE, Vergangenheit; 145: MATSCHOSS, Preußens Gewerbeförderung; 158: STRAUBE, Die Gewerbeförderung Preußens; 291: SCHULZ-BRIESEN, Der preußische Staatsbergbau]. Die umfangreiche und quellennahe Studie von W. RADTKE aus dem Jahre 1981 [153: Seehandlung] ist letztlich ebenfalls noch dieser Tradition zuzuordnen.

Entwicklungs-ökonomie bestärkt tradierte Sicht

Die nach dem Zweiten Weltkrieg aufkommenden makroökonomischen Wachstumstheorien, die dem Staat in Entwicklungsländern – sozusagen als nichtkommunistische Alternative – eine zentrale Rolle für den industriellen „Take-off" zuwiesen, haben in den 1960er Jahren der tradierten Sichtweise von der besonderen Rolle des Staates im deutschen Industrialisierungsprozess erneuten Auftrieb und theoretische Unterfütterung verliehen. Einflussreich wurde das 1960 veröffentlichte Werk von W. W. ROSTOW [289: The Stages of Economic Growth], das die Interpretationsangebote der neuen ökonomischen Disziplin auf die Geschichte anwandte. Die allein auf Sekundärliteratur basierende Studie von U. P. RITTER zu zahlreichen Aspekten preußischer Wirtschaftspolitik und Gewerbeförderung in der ersten Hälfte des 19. Jahrhunderts aus dem Jahre 1961 bezieht sich ausdrücklich auf ROSTOW und kommt zu dem Gesamturteil, dass der preußische Staat „an der Vorbereitung des ‚take-off' einen maßgeblichen Anteil hatte" [154: Die Rolle des Staates, 164]. Die quellennahe und durchaus nuancierte Untersuchung von I. MIECK [146: Preußische Gewerbepolitik in Berlin] von 1965 untermauerte das Bild von der positiven Rolle des Staates in der frühen Industrialisierung, insbesonders der „staatspädagogisch-progressiven Wirtschaftsgesinnung der führenden preußischen Beamtenschaft" – so die Formulierung von W. FISCHER und O. BÜSCH im Vorwort zur Veröffentlichung.

Etablierung einer differenzierten Sicht auf den Staat

W. FISCHER gehört freilich wie kein anderer zu den Begründern eines „zweiten Traditionsstranges" in der deutschen Historiographie, in welchem die Rolle des Staates sehr differenziert betrachtet wird. Bereits 1961 unterschied er vier Funktionen, die die Regierungen als „staatliche Aktivitäten" gegenüber der Wirtschaft ausübten: 1. Der Staat als Gesetzgeber; 2. der Staat als Administrator, der im Rahmen der Finanzpolitik, durch Gewerbeförderungsmaßnahmen, durch Ausbau des Bildungswesens und der Infrastruktur tätig wird; 3. der Staat als Unternehmer, der durch staatliche Eigenbetriebe von der Landwirtschaft über den Bergbau und Industrie bis hin zum Bank- und Verkehrssektor die Wirtschaft beeinflusst; 4. der Staat als Konsument und

Investor, der die Bedürfnisse von Hof, Verwaltung, Militär und der Entwicklung der Infrastruktur befriedigen muss. Im gesamten Verlauf der Industrialisierung hätten Regierungen in Deutschland in unterschiedlichem Umfang und mit unterschiedlichem Erfolg versucht, durch staatliche Maßnahmen in diesen vier Funktionen auf wirtschaftliche Entwicklungen einzuwirken oder unvorhergesehene Folgen staatlichen Eingreifens abzumildern. Dabei seien die – beabsichtigten wie unbeabsichtigten – Wirkungen staatlichen Handelns in diesen vier Funktionen häufig nur schwer messbar [118: Das Verhältnis von Staat und Wirtschaft, 65 f.]. FISCHER widmete sich anfänglich der Wirtschaftspolitik des badischen Staates [117: Der Staat und die Anfänge], zog aber zunehmend Preußen und andere deutsche Staaten in seine Analysen mit ein [192: Die Bedeutung der preußischen Bergrechtsreform; 194: Deutschland 1850–1914]. Zu den Vertretern einer differenzierten Sicht der Rolle des Staates im Industrialisierungsprozess sind seit den 1970er Jahren auch K. BORCHARDT [17: Grundriß, 41 ff.] und H. KIESEWETTER [134: Staat und Unternehmen; 135: Staat und regionale Industrialisierung; 25: Industrielle Revolution, 18 ff.] zu zählen.

Mit der Funktion des Staates als Administrator, insbesonders in der staatlichen Gewerbeförderung, haben sich v. a. W. FISCHER [vgl. 119: FISCHER/SIMSCH, Industrialisierung in Preußen] und H. KIESEWETTER, der die „Industrielle Revolution in Deutschland" als „tief verwoben mit den Aktivitäten des Staates" begreift, auseinandergesetzt. Die unterschiedlichen Verläufe regionaler Industrialisierung seien überhaupt nicht zu erklären, wenn man neben der Ausstattung mit bestimmten unabdingbaren Faktoren nicht die fördernden bzw. hemmenden Einflüsse der Gewerbeförderung ins Kalkül ziehe. Ende der 1980er Jahre konstatierte KIESEWETTER eine deutliche Neigung der wirtschaftshistorischen Forschung, die Aktivitäten des Staates generell zu unterschätzen [25: Industrielle Revolution, 19].

Anfang der 1960er Jahre war freilich die Tendenz in der Forschung nachgerade entgegengesetzt, das Bild von der durchweg positiven und zentralen Rolle des Staates, v. a. des preußischen, die „Apologia Borussica" [137: KISCH, Preußischer Merkantilismus] kaum in Frage gestellt. Allein marxistische Historiker aus der DDR vertraten zu diesem Zeitpunkt dezidiert die Gegenposition, dass sich die Industrialisierung in Preußen bis 1848 nicht mit Hilfe, sondern trotz des fortschrittsfeindlichen „staatlichen Überbaus" durchgesetzt habe. Die paradigmatische Behauptung eines letztlich „feudalen Charakters" des preußischen Staates jener Jahrzehnte durch die frühe DDR-Geschichtswissenschaft, ihre Unfähigkeit, die Staatsbürokratie als eigenständigen

DDR-Historiker kontra „borussophile" Deutung

Machtfaktor zu identifizieren, lenkte die Aufmerksamkeit ostdeutscher Historiker auf – bis dahin völlig unterbewertete – industrialisierungshemmende Folgen staatlicher Politik. So nahmen sie die preußische Geld- und Kreditpolitik des Vormärz ins Visier, insbesondere die restriktive, schwer wiegende ökonomische Folgen nach sich ziehende Börsenverordnung von 1844 [142: KUBITSCHEK, Die Börsenverordnung]. Zu Recht betonten sie ebenso die staatliche Behinderung von Aktiengesellschaftsgründungen und die relativ zu den Erwartungen im Wirtschaftsbürgertum geringe und zögerliche staatliche Unterstützung des Eisenbahnbaus [115: EICHHOLTZ, Junker und Bourgeoisie vor 1848].

"Westliche" Infragestellung preußischer Legendenbildung

Die erste "westliche" Infragestellung des traditionellen Bilds eines industrialisierungsfördernden preußischen Staates und seiner ökonomisch stets progressiven Reformbürokratie erfolgte 1966 durch die eindrucksvolle Studie von R. TILLY [159: Financial Institutions and Industrialization; teilweise in deutscher. Übersetzung in 160: Kapital, Staat]. Für die gewerblich weit fortgeschrittene Rheinprovinz kristallisierte er die entwicklungshemmenden Wirkungen einer im internationalen Vergleich sehr rückständigen Geld-, Bank- und Finanzpolitik heraus, die wesentlich dem Machterhalt einer "bemerkenswert wenig flexiblen" Bürokratie folgte und im Zweifelsfall den Interessen der Junker den Vorzug gab. Dass der preußische Staat die Industrialisierung der Rheinlande zwar behinderte, aber nicht verhinderte, machte für TILLY "die Stoßkraft jener nichtstaatlichen Antriebsquellen, die den Wandel förderten, um so deutlicher" [160: Kapital, Staat, 24 f.]. Bereits 1962 hatte F. ZUNKEL im Anschluss an ältere regionalgeschichtliche Arbeiten die besondere Dynamik der rheinisch-westfälischen Unternehmerschaft seit 1830 hervorgehoben, ihren Kampf um staatlich-gesellschaftliche Anerkennung skizziert und auf den Beginn einer "Revolutionierung des Wirtschaftsgeistes" bereits im Vormärz hingewiesen [302: Der Rheinisch-Westfälische Unternehmer].

In den 1970er Jahren erhielt durch eine Reihe von Veröffentlichungen TILLYS kritische Beurteilung der Rolle des preußischen Staates im Vormärz weitere Unterstützung. F. ZUNKEL [166: Die Rolle der Bergbaubürokratie] konstatierte die retardierenden Wirkungen des staatlichen "Direktionsprinzips" auf die Expansion des Ruhrbergbaus spätestens seit den 1830er Jahren. R. FREMDLINGS bedeutende Monographie [260: Eisenbahnen und deutsches Wirtschaftswachstum] schärfte schließlich den Blick für die lange Jahre erstaunlich geringe staatliche Förderung des Eisenbahnbaus, insbesondere durch den preußischen Staat.

Anfang der 1990er Jahre haben zwei einem kritischen Historismus verpflichtete Studien [105: BOCH, Grenzenloses Wachstum; 109: BROSE, Politics of Technological Change], die auch Aspekte der neueren Ideen- und Mentalitätsgeschichte in ihre wirtschafts- und sozialgeschichtlichen Darstellungen einbezogen, neue Interpretationsangebote zum Verhältnis von Staat und Wirtschaft bis 1848 bereitgestellt. Sie eröffnen die Chance, den so offensichtlichen Widerspruch zwischen den von zahlreichen älteren Historikern hervorgehobenen außergewöhnlichen Bemühungen und Leistungen der preußischen Gewerbeförderung nach 1820 und den von TILLY und anderen zu Recht betonten industrialisierungshemmenden Folgen einer restriktiven staatlichen Finanz-, Aktien- und Börsenrechtspolitik oder eines zähen Festhaltens an der staatlichen Kontrolle des Bergbaus aufzulösen.

Vielen Beiträgen zur Rolle des Staates im Industrialisierungsprozess bis 1848 ist eine Fehldeutung der ökonomischen Zielvorstellungen der Reformbürokratie inhärent, weil sie das wirtschaftsliberale Credo eines gewichtigen Teils der preußischen Beamtenschaft mit der Bereitschaft zu einer dezidierten Industrialisierungspolitik verwechseln oder gar ein relativ modernes Industrialisierungsverständnis unterstellen. BROSE hat nun in seiner detaillierten Untersuchung zu den Denkkategorien, den Erfahrungshorizonten und den Handlungszielen der historischen Akteure in den Berliner Ministerien überzeugend nachgewiesen, dass noch nicht einmal Peter Christian Beuth, dessen Gewerbeförderungspolitik bereits auf die Einführung von Maschinen und Fabrikarbeit setzte, über ein vergleichsweise modernes Industrialisierungsverständnis verfügte, wie es BOCH seit spätestens Mitte der 1830er Jahre in der rheinischen Unternehmerschaft festzustellen vermag. BOCHS Studie zur Durchsetzung des Wachstumsdenkens im Wirtschaftsbürgertum der Rheinprovinz gibt zahlreiche Hinweise darauf, dass nicht nur König und adlige Machtelite, sondern auch die Spitzen der Berliner Bürokratie lange Zeit an einem ökonomischen Leitideal des „ausgeglichenen Verhältnisses von Landwirtschaft, Handel und Gewerbe" festhielten. Gewerbeförderung wurde leidenschaftlich und zu höheren Staatszwecken betrieben, solange das Wachstum der Gewerbe nicht über deren untergeordnete Stellung im Gesamtsystem hinauswies. Gewerbefreiheit und eine Orientierung am Freihandel sollte zwar allgemeines Wachstum, auch gewerbliches Wachstum, ermöglichen, dieses Wachstum aber zugleich „natürlich" begrenzen. Fast allen Entwicklungen in Richtung auf die sog. Große Industrie, auf ein modernes Industriesystem, das die gewerblich-industrielle Produktion und ihre soziale Trägerschicht, die Unternehmer, in den Mittelpunkt der Gesellschaft

---

Marginal notes:

Neue Interpretationsangebote einer erweiterten Sozialgeschichte

Widerspruch durch Historisierung erklärbar

Reformbürokratie ohne modernes Industrialisierungsverständnis

Gewerbeförderung: Ja
Industrialisierung: Nein

Freihandel noch keine Ideologie unbeschränkten Wachstums

rückte und dem Staat ein neues Selbstverständnis und völlig neue Staatsfunktionen abverlangte, wurde daher bis weit in die 1840er Jahre hinein ein zäher, keineswegs auf „feudale Interessen" zu reduzierender Widerstand entgegengesetzt.

Staat wirkt nur bis 1835 positiv, ab 1840 Machtkampf der Eliten

Die Bilanz, die BROSE für die Rolle des preußischen Staates in der ökonomischen Entwicklung und der Technologieförderung zieht, fällt bis zur Mitte der 1830er Jahre positiv aus, danach bis zum Vorabend der Revolution rasch zunehmend negativ. Für die 1840er Jahre konstatiert er gar einen Machtkampf zwischen einer an ihrem gesellschaftlichen Leitungs- und Deutungsanspruch festhaltenden Bürokratie und der aufstrebenden Unternehmerschaft, „a struggle over ownership, control and promotion of the forces of production" [109: Politics of Technological Change, 241]. BOCH kommt bei seiner Untersuchung eines gesellschaftlichen „Gegenparts", der rheinischen Unternehmerelite, zu anschlussfähigen Ergebnissen und einer identischen Periodisierung. Bis etwa zur Mitte der 1830er Jahre gab es in der Unternehmerschaft – trotz Differenzen in Einzelfragen – einen weitgehenden Konsens mit der Staatsbürokratie über die eher begrenzten, sektoralen Chancen gewerblichen Wachstums und die untergeordnete Rolle der Gewerbe in der Gesamtgesellschaft. Den sich bis Ende der 1830er Jahre klar abzeichnenden Paradigmenwechsel in der Unternehmerschaft – unbegrenzte Wachstumschancen einer angebotsorientierten Wirtschaft, Beschleunigung des Wachstums durch eine der Dynamik angemessene, neue staatliche Rahmen- und Infrastrukturpolitik, forcierte Industrieentwicklung als entscheidendes Mittel zur Eindämmung und Beherrschbarkeit der Massenarmut, gesellschaftlicher Führungsanspruch der Industrie [105: BOCH, Grenzenloses Wachstum, 285 ff.] – konnten oder wollten selbst die liberalen Spitzenbeamten in Berlin nicht nachvollziehen. Trotz einiger halbherziger Konzessionen wurde die Eindämmung wirtschaftsbürgerlicher Ansprüche und der Erhalt eines direkten staatlichen Einflusses in der Wirtschaft (Bergbaubehörden, „Seehandlung") zum Signum der letzten zehn Jahre vor 1848 [109: BROSE, The Politics of Technological Change, 236 ff.].

Staat vollzieht Paradigmenwechsel nicht nach

Revolution 1848 als Wendepunkt zum „Industriestaat"

In Preußen brach erst die Revolution diese Politik der Verweigerung einer neuen Rolle des Staates, die zunehmend das Wachstum der Wirtschaft beeinträchtigte, auf. Die Revolution beschleunigte auch einen Wechsel in den Spitzenpositionen der preußischen Wirtschaftsbürokratie. Eine jüngere Generation von Beamten (etwa Rudolf Delbrück, Otto Camphausen) rückte auf, die bereits in den Kategorien eines tendenziell unbegrenzten gewerblichen Wachstums und einer Gleichberechtigung, ja sogar eines Primats der Industrie denken konnte. BOCH und BROSE betonen nicht nur eine Epochenscheide Mitte der 1830er Jahre, sondern – wie auch R. TILLY [zuletzt 32: Vom Zollverein zum Industriestaat, 38 ff., 49 ff.] – die enorme Bedeutung der Revolution 1848 für einen grundlegenden Wandel der preußischen Wirtschafts- und Finanzpolitik. Erstmals wurde die Finanzpolitik zu einem „Wachstumsstimulus" [160: TILLY, Kapital, Staat, 56]. Unlängst hat J. M. BROPHY freilich zu Recht darauf hingewiesen, dass die Revolution als „turning point" nicht bereits zu einem „fixed settlement in government business relations" führte. Er sieht die 1850er Jahre als ein immer noch konfliktreiches Jahrzehnt, in dem der preußische Staat und die Unternehmer in ihre neuen Rollen finden mussten. „Instead, the 1850s are better characterized as a decade-long search for mutual accommodation between business and government, a search for an equipose between private entrepreneurial profit and state power" [108: Capitalism, Politics and Railroads, 73 f.]. Der preußische Staat gab seinen Leitungsanspruch mithin nicht einfach auf, er suchte ihn nun vielmehr mit anstatt gegen die Industrialisierung durchzusetzen. Die Moderierung der Industrieentwicklung durch eine „produktive Ordnungspolitik" (Abelshauser) wurde fortan – nur zeitweilig abgeschwächt durch die „liberale Epoche" von 1859 bis 1878 – zur Leitlinie staatlichen Handelns.

1850er Jahre: Eingewöhnung in das neue Arrangement

Moderierung statt Eindämmung der Industrie

1.3 Nutzen, Grenzen und Stellenwert staatlicher Gewerbeförderung

Eine Epochenscheide zur Mitte der 1830er Jahre tritt auch im Urteil anderer neuer Forschungsarbeiten über die Maßnahmen des preußischen Staates zur direkten wie indirekten Gewerbeförderung deutlich hervor. C. WISCHERMANN verweist in seiner quellengesättigten Studie zum Verhältnis von preußischem Staat und westfälischen Unternehmern auf die zunächst positiven Impulse der staatlichen Gewerbeförderung, die dann in den 1830er Jahren an ihre Grenzen stieß [165: Preußischer Staat, 503 ff.] und von der Dynamik privatwirtschaftlichen Engagements marginalisiert wurde. 1992 hat A. PAULINYI aus technikgeschichtlicher Sicht konstatiert, dass das bereits recht hohe Niveau der führenden Maschinenbaubetriebe um 1840 nicht „ohne staatliche Stützungsmaßnahmen für die Beschleunigung des Transfers der neuen Technik der Metallverarbeitung" hätte erreicht werden können. Er sieht die Bedeutung der staatlichen Leihgaben und Geschenke „weniger in der Funktion einer Kapitalhilfe als vielmehr darin, dass auch mit nur einer Werkzeugmaschinen-Leihgabe eine wichtige technologische Lücke geschlossen werden konnte." Dies sei um 1820/30 ein entscheidender Unterschied im Vergleich zu den Maschinenspinnereien gewesen, denen mit der

Epochenscheide um 1835

Förderung für frühen Maschinenbau wichtig

Nutzen für Spinnereien gering

Leihgabe einer Spinnmaschine wenig geholfen war [149: Die Rolle der preußischen Gewerbeförderung, 74 ff.]. Die Besitzer oder Gründer von Maschinenspinnereien nutzten aber in den Westprovinzen offenbar häufiger als bisher angenommen die von der Beuthschen Abteilung im Finanzministerium großzügig gehandhabte Regelung, komplette Sätze technisch überlegener Textilmaschinen, ja sogar dazugehöriger Dampfmaschinen aus dem westlichen Ausland zollfrei einzuführen. Allein die Hammersteiner Spinnerei, die modernste Spinnerei des Wuppertals, sparte dadurch in den 1830er Jahren 54 258 Taler Zollgebühren [129: HOFFMANN, Gründung der Baumwollspinnerei Hammerstein].

Niedrige Garnzölle konterkarieren Förderung

Die Möglichkeit der zollfreien Einfuhr modernster Textilmaschinen hat aber die zunehmend scharfe Kritik der rheinischen Baumwollspinnereibesitzer an den – auch von Beuth vehement verteidigten – sehr niedrigen Zollsätzen für importiertes Baumwollgarn, die sie als entscheidendes Investitionshemmnis ansahen [105: BOCH, Grenzenloses Wachstum, 115 ff.], nur wenig gemildert. Es fehlt jedoch für die Rheinprovinz – im Gegensatz zu Westfalen und zum Wirtschaftsraum Berlin-Brandenburg – eine detaillierte Untersuchung, die „ein differenziertes Bild der Berührungs- und Reibungspunkte von staatlicher Gewerbeförderung und unternehmerischer Eigeninitiative bzw. privaten ausländischen Kontakten" geben könnte [155: SCHAINBERG, Quellen zur rheinischen Frühindustrialisierung, 314]. Freilich steht außer Frage, dass die preußische Gewerbeförderung trotz ihrer offenbar nicht völlig erfolglosen Bemühungen um die Westprovinzen vornehmlich auf das vergleichsweise ökonomisch unterentwickelte ostelbische Preußen zielte.

Ostelbisches Preußen Schwerpunkt der Gewerbeförderung

Hier fand die Berliner Bürokratie Bedingungen vor, unter denen „eine (von ihrem Ursprung her kameralistische) staatliche Förderung der Gewerbe notwendig war, um die wirtschaftliche Entwicklung fortzuführen" [132: KAUFHOLD, Deutschland 1650–1850, 587]. Im Unterschied dazu wuchs Rheinland-Westfalen mit, ohne oder gar gegen die Berliner Wirtschaftspolitik zu dem industriellen Zentrum Preußens heran. Trotz der Konzentration der Staatshilfe auf die östlichen Provinzen, verstärkte sich deren Abstand zum Westen und zum Großraum Berlin. „Staatliche Industrieförderung konnte unternehmerische Initiative nur sehr unvollkommen ersetzen. Wo die Industrialisierung in Preußen erfolgreich war, ist sie spätestens seit den 1830er Jahre keine staatliche Veranstaltung mehr gewesen" [119: FISCHER/SIMSCH, Industrialisierung in Preußen, 122].

Abstand zum Westen verstärkt sich trotzdem

Über die Wirkungen der Technologie- und Wirtschaftsförderung der staatlichen Bergbaubehörden in den preußischen Montanregionen hat die neuere Forschung inzwischen ein recht differenziertes Bild ge-

Wirtschaftsförderung der Bergbaubehörden im Saarrevier und in Oberschlesien

winnen können. G. FISCHER [116: Wirtschaftliche Strukturen], aber
auch H.-W. HAHN haben der Bergbaubehörde des Saarreviers bescheinigt, durch intensive Förderung technischer Innovation und professionelle Leitung nach 1815 äußerst wichtige Anstöße zur regionalen Wirtschaftsentwicklung gegeben zu haben [123: Die preußische Art, 126].
Dagegen hat T. PIERENKEMPER die für Oberschlesien immer wieder behauptete Führungsrolle der staatlichen Bürokratie für die Entwicklung
der Schwerindustrie mit guten Argumenten angezweifelt. Er sieht in
den unterschiedlichen Nachfragebedingungen die Hauptursache für
den Erfolg im Saarland und den Misserfolg in Oberschlesien. „Erst bei
ausreichender Nachfrage führen technologische Innovationen zu ökonomischem Erfolg; staatliche Vorleistungen erweisen sich beim Fehlen
dieser Voraussetzungen häufig als nutzlos und fehlendes technologisches ‚Know-how' lässt sich bei gegebenen Bedingungen sehr leicht
importieren" [152: Das Wachstum der oberschlesischen Eisenindustrie,
106]. Tatsächlich spielte für den Aufschwung der Schwerindustrie im
rheinisch-westfälischen Industriebezirk der Staat kaum eine Rolle. Zunächst konzentrierten sich die privaten Unternehmen auf die Modernisierung der Weiterverarbeitung von billigem englischen Roheisen, erst
später – bei ausreichender Nachfrage – entschied man sich für den Aufbau einer eigenen Roheisenbasis [284: PIERENKEMPER, Die schwerindustriellen Regionen Deutschlands, 51 ff.].

Zweifellos spornten die tatsächlichen oder vermeintlichen Erfolge
der preußischen Gewerbeförderungspolitik seit 1820 die Bürokratie
und/oder das Wirtschaftsbürgertum in anderen deutschen Staaten zur
Nachahmung an. R. BOCH hat vor kurzem darauf verwiesen, dass Sachsens wirtschaftspolitische Reformbemühungen seit 1827 am preußischen Beispiel orientiert waren [106: Staat und Industrialisierung im
Vormärz]. H. KIESEWETTER hat quellennah und detailliert dargelegt, wie
sich Sachsen von diesem Zeitpunkt an ein umfangreiches Repertoire
für die direkte wie indirekte Gewerbeförderung zulegte [136: Industrialisierung und Landwirtschaft, v. a. 650 ff.; auch 120: FORBERGER, Die
Industrielle Revolution in Sachsen]. Damit habe der Staat die Industrialisierung Sachsens durchaus unterstützt, aber keinesfalls eine dezidierte
„staatliche Industrialisierungspolitik" [134: KIESEWETTER, Staat und
Unternehmen, 5] verfolgt. Trotz erkennbaren staatlichen Wohlwollens
für die gewerbliche Wirtschaft hat BOCH betont, dass auch in der Dresdener Administration kein modernes Industrialisierungsverständnis
vorherrschte, wie man es für die südwestsächsische Unternehmerschaft
um das in Chemnitz herausgegebene „Gewerbe-Blatt für Sachsen"
nachweisen kann. Daher kam es auch seit 1840 zu einer mit Preußen

Direkte Gewerbeförderung in anderen deutschen Staaten

Sachsen

vergleichbaren Konfrontation von Teilen der Unternehmerschaft mit dem Staat [106: Staat und Industrialisierung im Vormärz].

Für andere Staaten auf dem Gebiet des späteren Deutschen Reiches liegen neuere Studien zur Gewerbeförderung nur für Bayern, Württemberg und Baden vor [v. a. 110: BURKHARDT, Wirtschaft und Verwaltung in Bayern; 280: MAUERSBERG, Bayerische Entwicklungspolitik; 186: BOELCKE, „Glück für das Land"; 164: WAUSCHKUHN, Staatliche Gewerbepolitik; 135: KIESEWETTER, Staat und regionale Industrialisierung; 264: HAVERKAMP, Staatliche Gewerbeförderung; 117: FISCHER, Der Staat und die Anfänge; 107: BORST, Staat und Unternehmer].

Trotz Unterschieden im Einzelnen, tritt als gemeinsames Merkmal der süddeutschen Staaten hervor, dass sich eine nennenswerte staatliche Gewerbeförderungspraxis – häufig von wirtschaftsbürgerlichen Vereinen angestoßen – erst mit erheblicher Verzögerung in den 1830er Jahren ausbildete. Zuvor waren grundsätzliche Bedenken gegen ein erneutes finanzielles Engagement des Staates in der Wirtschaft sowie Ressentiments gegen fabrikmäßig betriebene Gewerbe in den Administrationen weit stärker ausgeprägt als etwa in Preußen und – v. a. in Bayern und Württemberg – das Leitbild einer dominant agrarwirtschaftlichen Entwicklung vorherrschend. Auch in den 1830/40er Jahren blieben die für die Gewerbeförderung bereitgestellten Finanzmittel vergleichsweise sehr gering, wenn auch W. A. BOELCKE für Württemberg anmerkt, dass diese bis 1848 immerhin 15 Prozent des überhaupt in der württembergischen Privatindustrie zur Mitte der 1840er Jahre angelegten Realkapitals von 6 Millionen Gulden ausmachten [186: „Glück für das Land", 38]. H. MAUERSBERG sieht die weiterhin niedrigen Beträge der bayerischen Gewerbeförderung der 1830/40er Jahre als klares Indiz für die Intention der Staatsbehörden, „die Wachstumsförderung der Wirtschaft nicht durch ein übergroßes Engagement in Richtung auf einen Industrialismus hin ausufern zu lassen" [280: Bayerische Entwicklungspolitik, 39]. Zwar verortet C. DIPPER [113: Wirtschaftspolitische Grundsatzentscheidungen, 160] bereits in den 1830er Jahren irreversible Weichenstellungen in den Entscheidungsprozessen der südwestdeutschen Bürokratien, die er als endgültige Abkehr von einem vorindustriellem Gesellschaftsbild und grundsätzliche Akzeptanz eines – wie vage auch immer gedachten – „Industriesystems", eines längerfristigen gewerblich-industriellen Wachstums interpretiert. Doch erst durch das Engagement der süddeutschen Staaten im Eisenbahnbau und schließlich durch die Revolution 1848/49 wurde mit der Modernisierung des staatlichen Aufgabenregimes auch die Gewerbeförderung auf eine tragfähigere Grundlage gestellt. Württemberg konzentrierte und institutionalisierte – dreißig Jahre nach Preußen (!) – seine Gewerbeförderung in der „Centralstelle für Gewerbe und Handel". Bayern stockte in den Jahren 1848/50 die direkte Staatshilfe für Industrie und Gewerbe erheblich auf, um in der Folgezeit mit im Vergleich zum Vormärz immer noch beträchtlichen Mitteln „den Wirtschaftsablauf in struktureller Hinsicht an geographisch wie auch ökonomisch markanten Punkten durch finanzielle Förderungsmaßnahmen zu stimulieren" [280: MAUERSBERG, Bayerische Entwicklungspolitik, 69].

Zeitgleich mit der direkten Gewerbeförderung durch staatliche Darlehen, Maschinenschenkungen, zollfreie Einfuhr westeuropäischer Maschinen usw. entwickelte sich in den deutschen Staaten die indirekte Gewerbeförderung, die von zahlreichen Autoren als wichtiger und effektiver bewertet wird.

Viele Staaten verstärkten die schon seit dem 18. Jahrhundert übliche Praxis der Verleihung von Preisen und Prämien, finanzierten Gewerbeausstellungen oder beteiligten sich finanziell wie personell an der Gründung von Vereinen, die sich die Hebung der gewerblichen Wirtschaft zum Ziel gesetzt hatten. H.-W. HAHN hat jüngst mit Blick auf eine Reihe von neueren Forschungsarbeiten über regionale, nationale und internationale Gewerbe- und Industrieausstellungen darauf hingewiesen, „ dass gerade das rasch an Bedeutung gewinnende Ausstellungswesen ein nicht zu unterschätzendes und erfolgreiches Instrument staatlicher Unterstützungspolitik war" [22: Die Industrielle Revolution, 85].

Als in hohem Maße bedeutsam für die industrielle Entwicklung Deutschlands wird von der älteren wie jüngeren Forschung die Gründungswelle technischer Lehranstalten in zahlreichen deutschen Staaten während der 1820er und 30er Jahre bewertet. Von P. LUNDGREEN für Preußen [143: Techniker] bis S. FISCH für Bayern [259: Polytechnische Schulen] haben zahlreiche Historiker die Entwicklungsimpulse hervorgehoben, die diese staatlichen Einrichtungen gerade in der Frühphase der Industrialisierung gegeben hätten. W. KÖNIG hat aber jüngst darauf aufmerksam gemacht, dass die Gewerbeschulen und Polytechnischen Schulen ihre Aufgabe, Techniker für die Industrie auszubilden, fast durchweg verfehlten. Sie spielten nur eine marginale Rolle bei der Versorgung der frühen Industrie mit Fachkräften, da der Großteil der Absolventen in den Staatsdienst ging. Eine markante Ausnahme sieht er nur in dem von Beuth gegründeten Berliner Gewerbe-Institut, das nicht wie die meisten polytechnischen Schulen in den deutschen Staa-

Indirekte Gewerbeförderung

Preise, Prämien, Ausstellungswesen

Gewerbeschulen, Polytechnische Schulen

Ihre Bedeutung für frühe Industrie überschätzt

Berliner Gewerbe-Institut Ausnahme

ten mit den Zwängen der Ausbildung für den technischen Staatsdienst belastet war. Das niedrigere theoretische Niveau des Gewerbe-Instituts sei ein industriepolitischer Gewinn gewesen. Wie schon der älteren Forschung bekannt, rückten viele seiner Absolventen in leitende Positionen, v. a. im Maschinenbau und im Hüttenwesen, ein und ersetzten dort teilweise englische Fachkräfte. Die „Fehlinvestitionen" der Gründung höherer technischer Schulen in den 1820/30er Jahren wandelte sich erst in der Hochindustrialisierung zu einem „Erfolgsmodell": „Seit den 1870er Jahren bezog die expandierende Industrie mehr und mehr ihre Fachkräfte aus den sich jetzt Technische Hochschulen nennenden Unterrichtsanstalten." [139: Zwischen Verwaltungsstaat und Industriegesellschaft, 121].

Wachstumsimpulse erst eine Generation später

Die Wachstumsimpulse einer systematischen Förderung von technischer Bildung durch die deutschen Staaten machte sich mithin erst mehr als eine Generation später bemerkbar, als der Aufstieg Deutschlands zur führenden europäischen Industrienation nicht unwesentlich durch die enge Verbindung der aufstrebenden Natur- und Ingenieurwissenschaften an den zahlreichen Hochschulen mit der industriellen Produktion getragen wurde [187: BORSCHEID, Naturwissenschaft; 244: WETZEL, Naturwissenschaften]. In einem ähnlichen zeitlichen Horizont

Hebung des allgemeinen Bildungsniveaus

müssen auch die Wirkungen der staatlichen Anstrengungen zur Hebung des allgemeinen Bildungsstandes – bis etwa 1820/30 wurde in fast allen deutschen Staaten die allgemeine Schulpflicht eingeführt sowie das System der mittleren und höheren Bildungsabschlüsse reformiert und ausgebaut – verortet werden. Der in der Forschung insbesondere für Deutschland thematisierte, schwer messbare, Zusammenhang zwischen Erhöhung des Bildungsniveaus und Wirtschaftswachstum stellte sich erst in Prozessen säkularer Dimension her [278: LUNDGREEN, Bildung; 274: VON LAER, Industrialisierung; 258: DIEBOLT, Education]. Zur indi-

Verkehrsinfrastruktur

rekten Gewerbeförderung sind freilich auch weitere Infrastrukturmaßnahmen des Staates zu rechnen. Die deutschen Staaten betrieben nicht nur den kostenaufwendigen Ausbau befestigter Straßen (Chausseen) und schließlich den Eisenbahnbau, die beide von allen Autoren als uneingeschränkt der wirtschaftlichen Entwicklung förderlich bewertet werden. E. SCHREMMER hat vor geraumer Zeit betont, dass die meisten Gliedstaaten des späteren Deutschen Reiches bereits in der ersten Hälfte des 19. Jahrhunderts „den Aufbau und die Pflege eines dichten Netzes von Einrichtungen zur materiellen, personellen und institutionellen Infrastruktur" begannen und in den folgenden Jahrzehnten verstärkt fortsetzten (von Sparkassen und Staatsbibliotheken über öffentliche Brand- und Gebäudeversicherungen bis hin zu Gewerbeämtern und schließlich Staatsbanken). Die dezentrale Struktur des Deutschen Bundes und des Reichs habe zwar zeitweise eine Überkapazität an solchen Institutionen produziert, aber eine aufholende Industrialisierung begünstigt. Die Wirtschaft sei „in den groß geschneiderten Mantel bereitgestellter Infrastruktureinrichtungen" hineingewachsen. „Die weitgehend autonome Ausgestaltung der Budgets der einzelnen Gliedstaaten bewirkte in Verbindung mit der föderativen Aufgabenteilung für die Teilräume und den Gesamtraum eine breite Streuung von öffentlichen Gütern im Raum. Aus europäischer Sicht gab es in Deutschland weniger Hinterland" [290: Föderativer Staatsverbund, 27].

Langfristiger Vorteil dezentraler Institutionen

1.4 Die Bedeutung der Agrar- und Gewerbereformen für den Durchbruch der Industrialisierung

Geraume Zeit bevor die Neue Institutionenökonomik (NIO) im Anschluss an den „Property-Rigths-Ansatz" des amerikanischen Nobelpreisträgers D. C. NORTH den institutionellen Wandel, insbesonders die Individualisierung der Eigentums und Verfügungsrechte, als Vorbedingung für einen erfolgreichen wirtschaftlichen Wachstumsprozess hervorhob [281: Theorie, 171 f.; 253: BORCHARDT, Property-Rigths-Ansatz; 299: WISCHERMANN, Property-Rights-Ansatz] und unter Historikern eine noch anhaltende Diskussion über Vorzüge und Nachteile dieses wirtschaftswissenschaftlichen Theorieangebots auslöste [Überblick: 248: AMBROSIUS, Staat und Wirtschaftsordnung, 41 f., 180 f.], hatte die äußerst vielschichtige Historiographie zu den Agrar- und Gewerbereformen in einem Punkt einen bemerkenswerten Konsens erzielt: Die Reformen – v. a. die preußischen – waren ein wesentlicher Beitrag zur Modernisierung der preußisch-deutschen Wirtschaft.

Konsens: Agrarreformen wesentlich für wirtschaftliche Modernisierung

Über die Anerkennung der allgemeinen Modernisierungsleistung, den durch die Reformgesetze bewirkten mittelfristigen Abbau rechtlicher und sozialer Wachstumshemmnisse, hinaus bleibt aber umstritten, ob sie direkte Impulse für einen erfolgreichen Industrialisierungsprozess geben konnten. Der von H. HARNISCH – im Kontext seiner innovativen Studien zur Stärkung der bäuerlichen Landwirtschaft durch die preußischen Agrarreformen – aufgestellten These, die wachsende Kaufkraft der Bauern habe erheblich zur Ausbildung eines inneren Marktes für Industrieprodukte und damit direkt zur Industrialisierung beigetragen [124: Kapitalistische Agrarreform und Industrielle Revolution; 125: Die Agrarreform; 126: Wirtschaftspolitische Grundsatzentscheidungen], ist heftig widersprochen worden. C. DIPPER bezweifelt, ob die ca. eine Million preußischer Vollbauern, auf die sich die Aus-

HARNISCH: Wachsende Kaufkraft für Industrieprodukte

DIPPER: Zahl der kaufkräftigen Bauern zu gering

sagen von HARNISCH letztlich beziehen, eine ausreichende Größe für nennenswerte industriewirtschaftliche Impulse darstellten. Der Masse der ca. eineinhalb Millionen Kleinbauern sei es dagegen eher schlecht gegangen „und erst recht litt das Millionenheer der Landarbeiter Not" [112: Bauernbefreiung, landwirtschaftliche Entwicklung und Industrialisierung, 73]. J. MOOSER geht davon aus, dass die Nachfrage der wohlhabenden preußischen Bauern zum größten Teil noch von handwerklichen Produktionszweigen befriedigt werden konnte und der erheblichen Expansion des Landhandwerks vor 1850 Antrieb verliehen habe. Die Impulse der bäuerlichen Nachfrage für die kapitalistische Industrieentwicklung bewertet er als zwar nicht völlig vernachlässigbar, aber doch eher bescheiden; nicht zuletzt vor dem Hintergrund, dass in Deutschland Schwerindustrie und Eisenbahnbau den „Führungssektor" der Industrialisierung bildeten [147: Preußische Agrarreformen, 547 f.].

Auch H.-W. HAHN [22: Die industrielle Revolution, 66] verweist auf verschiedene Untersuchungen zu den weit verbreiteten Kleinbauerngebieten in Deutschland, die eine Skepsis gegenüber einem gewichtigen Nachfragepotenzial der ländlichen Gesellschaft ratsam erscheinen lassen. Dagegen spielt für T. PIERENKEMPER die Zunahme der landwirtschaftlichen Einkommen bei der Entfaltung von Massenkaufkraft für industrielle Waren eine durchaus wichtige Rolle. Er erinnert aber noch einmal daran, dass sich in der Forschung vor 1850 kaum Belege für Investitionen aus dem Agrarsektor in die Industrie finden lassen. Erst nach der Jahrhundertmitte habe offenbar ein – wenn auch begrenzter – Ersparnistransfer in die nun kapitalintensive Industrie stattgefunden [151: Landwirtschaft und industrielle Entwicklung, Einleitung, 23 f.]. H.-U. WEHLER hält es „im streng ökonomischen Sinn" für mehr als fraglich, ob die Landwirtschaft überhaupt „eine nennenswerte konjunkturelle Anregungsfunktion" entwickeln konnte. Besonders während der Agrarkrise der 1840er Jahre, aber auch in den 1850er Jahren seien von ihr eher konjunkturdämpfende Effekte ausgegangen. „Die Nachfrage nach industriellen Fertigwaren, die Kaufkraft, die Bereitstellung von Investitionskapital hielt sich noch in sehr engen Grenzen" [35: Deutsche Gesellschaftsgeschichte Bd. 2, 631].

Alle Autoren stimmen freilich darüber überein, dass die Landwirtschaft sich in weiten Teilen Deutschlands durch die Reformgesetze zögerlich „transformierte" und trotz der Hungerkrise in den 1840er Jahren und einer sich zeitweilig verschärfenden Pauperismusproblematik durch beträchtlichen Zuwachs der agrarischen Gesamtproduktion den Nahrungsbedarf einer rasch wachsenden Bevölkerung befriedigen konnte. Der Industrialisierung ging mithin eine erkennbare landwirt-

MOOSER: Handwerk kann Nachfrage befriedigen

HAHN: Skepsis gegenüber Nachfragepotenzial

PIERENKEMPER: Kaum Investitionen aus Agrarsektor in Industrie

WEHLER: Agrarsektor in den 1840/50er Jahren konjunkturdämpfend

Konsens: Landwirtschaft kann wachsende Bevölkerung ernähren

schaftliche Produktions- und Produktivitätssteigerung voraus, die zu den maßgeblichen Vorbedingungen eines anhaltenden industriellen Wachstums gehörte. Da die landwirtschaftlichen Produktionserfolge aber zu einem guten Teil in der Durchführung der staatlichen Agrarreformen wurzeln – kein Historiker bestreitet die leistungssteigernde Effekte der Individualisierung der Eigentums- und Verfügungsrechte, obwohl deren Wirkungen sich offenbar kaum quantitativ messen lassen [161: TILLY, Perestroika à la Prusse] –, werden die Agrarreformen durchweg als ein wesentlicher, den Industrialisierungsprozess indirekt begünstigender Faktor bewertet.

Agrarreformen begünstigen Industrialisierung indirekt

Die direkten Auswirkungen der Gewerbegesetzgebung, insbesondere der seit 1807/10 in Preußen verkündeten Gewerbefreiheit, auf den Durchbruch der Industrialisierung werden in der neueren Forschung als eher gering erachtet. F.-W. HENNING hat in verschiedenen Veröffentlichungen die Position vertreten, dass sich die industrielle Entwicklung im Wesentlichen unabhängig von der Gewerbefreiheit vollzogen habe [265: Die Einführung; 23: Handbuch Bd. 2, 27, 135 f.]. K. H. KAUFHOLD hat mit plausiblen Argumenten den Nachweis zu führen versucht, dass die Durchsetzung der Gewerbefreiheit nicht nur geringe Auswirkungen auf die frühe Industrialisierung, sondern offensichtlich auch auf die Entwicklung des Handwerks hatte [130: Die Auswirkungen]. Als Beispiel dafür, dass die Gewerbefreiheit keine notwendige Voraussetzung für die Industrielle Revolution darstellt, gilt das sich früh industrialisierende Königreich Sachsen, welches erst 1862 die allgemeine Gewerbefreiheit einführte, aber eine großzügige Politik der Konzessionierung außerzünftiger Gewerbe und Fabriken betrieb. Auch in den westlichen Landesteilen Preußens fanden frühindustrielle Wachstumsprozesse in einer Reihe von Regionen (Mark, Siegerland, Ostwestfalen) statt, die zäh ihre älteren Wirtschaftsverfassungen gegenüber den neuen Zumutungen der Gewerbe- und Handelsfreiheit zu verteidigen suchten. Schließlich blieb der mäßig, aber stetig wachsende Steinkohlebergbau an der Ruhr bis über die Jahrhundertmitte ein Wirtschaftsbereich außerhalb des marktgesteuerten Systems. Mithin war sogar in Preußen, das zudem bis 1845 noch in drei Zonen unterschiedlichen Gewerberechts zerfiel, die Gewerbefreiheit keine notwendige Vorbedingung für Wachstum. Sie war selbst in Preußen kein durch einen einmaligen gesetzgeberischen Akt bereits erreichbarer Zustand, sondern ähnlich anderen großen Reformvorhaben des frühen 19. Jahrhunderts in vielen Elementen ein eher antizipiertes Ziel, das es in zum Teil jahrzehntelangen Bemühungen erst einzulösen galt [165: WISCHERMANN, Preußischer Staat, 13].

Auswirkungen der Gewerbefreiheit auf Frühindustrialisierung gering

KAUFHOLD: Kaum Einfluss auf Entwicklung des Handwerks

Gewerbefreiheit keine Vorbedingung für frühindustrielles Wachstum

WEHLER: Gewerbe-
freiheit kein belang-
loser Faktor

Zögerliche Gewer-
bereformen vermin-
dern Wachstums-
chancen

Trotz der frühen, sektoralen Industrialisierungserfolge Sachsens und der zähen Widerstände auch in Preußen sieht H.-U. WEHLER in der Gewerbefreiheit aber zu Recht keinen „neutralen und belanglosen Faktor" [35: Deutsche Gesellschaftsgeschichte Bd. 2, 62]. Gerade mit Blick auf den Übergang zur Hochindustrialisierung gehört für ihn die Gewerbefreiheit zu den rechtlichen Voraussetzungen für das Entstehen einer freien Unternehmerschaft und einer neuen Wirtschaftskultur, ohne die „der Aufschwung, den der erste industrielle Konjunkturzyklus in den frühen 1840er Jahren anzeigte, schwer vorstellbar wäre" [35: Deutsche Gesellschaftsgeschichte Bd. 1, 432]. Auch G. AMBROSIUS erkennt an, dass die Proklamation der Gewerbefreiheit in Preußen „die entscheidende Bresche in die vorindustrielle Korporationsverfassung schlug", obwohl die endgültige Gestaltung des preußischen Gewerberechts noch einmal über drei Jahrzehnte dauerte [248: Staat und Wirtschaftsordnung, 71 f.]. Neuere Arbeiten zum Verhältnis von Staat und Wirtschaft in Bayern lassen sich dahingehend interpretieren, dass sich dieses Land bis über die Jahrhundertmitte mancher Wachstumschancen beraubte, weil der „Bruch mit der Nahrungsökonomie in den Gemeinden … mit Rücksicht auf die dortige systemtreue Klientel lange Zeit vermieden" wurde [110: BURKHARDT, Wirtschaft und Verwaltung in Bayern, 250; 280: MAUERSBERG, Bayerische Entwicklungspolitik]. Das dürfte nicht nur auf zahlreiche deutsche Kleinstaaten, sondern ebenfalls auf die Königreiche Württemberg, Hannover, ja sogar Sachsen zutreffen.

1.5 Zollverein und Industrialisierung: Mythos und Realität

Mythos: Zollverein
ermöglicht Indust-
rialisierung

Heute differenzierte
Betrachtung vorherr-
schend

Lange Zeit galt es in der deutschen Geschichtswissenschaft als nahezu unumstritten, dass der 1834 gegründete Deutsche Zollverein der deutschen Industrialisierung ursächlich zum Durchbruch verholfen habe und als entscheidende politische Weichenstellung Ausdruck einer bewussten staatlichen Industrialisierungsstrategie gewesen sei. Erst neuere Studien seit den 1970er Jahren, die auf der älteren grundlegenden Forschungsarbeit des britischen Historikers W. O. HENDERSON [128: Zollverein] aufbauen konnten, haben den Prozess der Vereinsbildung und die Wirkungen des zollvereinigten Wirtschaftsraums auf die Industrieentwicklung ohne nationale Verklärung einer differenzierten Betrachtung unterworfen [121: HAHN, Integration; 122: DERS., Geschichte; 114: DUMKE, Die wirtschaftlichen Folgen; 148: OHNISHI, Zolltarifpolitik Preußens]. Entgegen der alten historiographischen Legende spielte für Preußen nicht das Fernziel eines „kleindeutschen" Nationalstaats bei der Forcierung des Zollvereins eine Rolle, sondern kurzfristige, durchaus partikularistische und fiskalische Interessen. Auch kann die neuere Forschung die Behauptung in das Reich der Mythenbildung verweisen, der Zollverein sei als Instrument der staatlichen Industrialisierungsförderung konzipiert worden.

Die in der wirtschaftsgeschichtlichen Forschung seit einiger Zeit gewonnenen Indizien für ein nicht unerhebliches Wachstum in den 1830er Jahren, auch die Verstetigung der seit den 1820er Jahren erkennbaren Tendenz zur Übernahme neuer Techniken und der Importsubstitution, können nicht ohne weiteres der Gründung des Zollvereins zugeschrieben werden, obwohl es aus wirtschaftstheoretischen Gründen höchst wahrscheinlich ist, dass die Erweiterung des Binnenmarkts den Erwartungshorizont öffnete und Investitionsanreize für Unternehmer schuf [32: TILLY, Vom Zollverein zum Industriestaat, 32 f.]; ein Zusammenhang, der nicht nur in den 1830er Jahren, sondern langfristig industrielles Wachstum begünstigte [35: WEHLER, Deutsche Gesellschaftsgeschichte Bd. 2, 135]. Außerdem ist die Währungsintegration Deutschlands, die Ausbildung eines Systems fester Wechselkurse, mit dem Zollverein eher und reibungsloser zustande gekommen als sie sonst möglich gewesen wäre [32: TILLY, Vom Zollverein zum Industriestaat, 47].

Besonders die mittelfristigen wirtschaftlichen Impulse des Zollvereins sollten aber nicht überschätzt werden. Die „Tarifpolitik war keineswegs ganz auf die möglichst rasche Industrialisierung abgestimmt" [22: HAHN, Die industrielle Revolution, 81]. Zahlreiche prominente Unternehmer, deren Engagement sich nicht allein auf ihre spezifischen materiellen Interessen reduzieren lässt, liefen seit der Wende zu den 1840er Jahren Sturm gegen die für ihre ehrgeizigen Industrialisierungspläne als zu niedrig erachteten Zölle [105: BOCH, Wachstum, 153 f.]. Zwar ist es in der Forschung strittig, ob höhere Zölle für die aus England gelieferten Halbfertigprodukte das Tempo der deutschen Industrialisierung tatsächlich beschleunigt hätten, denn der Handelsaustausch mit dem fortgeschrittenen Westeuropa brachte auch wichtige Vorteile. R. FREMDLING hat aber in einer vergleichenden Studie herausgearbeitet, dass zumindest die schließlich 1844 eingeführte Zollerhöhung für Eisen um 25 Prozent nicht unerheblich zum Aufbau des schwerindustriellen Führungssektors beitrug [261: Technologischer Wandel]. Bis zur Jahrhundertmitte blieb der Zollverein gegenüber einer forcierten Industrieentwicklung freilich ebenso skeptisch wie die Regierungen der meisten Vereinsstaaten. Er suchte einen mittleren Kurs zwischen einer nicht gewollten „überhasteten industriellen Entwick-

Zollverein nicht Ursache für Wachstum in den 1830er Jahren

Zollverein führt aber zu gesteigerten Wachstumserwartungen

Zollpolitik bei Zeitgenossen und Historikern strittig

lung" und einer „machtpolitisch unerwünschten produktionstechnischen Stagnation" [101: BEST, Interessenpolitik, 40].

1.6 Zum Charakter des preußischen Staates im Vormärz

Die Frage, welche Gruppen, sozialen Klassen oder Individuen die Herrschaft im preußischen Staat ausübten, mithin die Frage nach dem „Charakter" des preußischen Staates, ist von Historikern höchst unterschiedlich beantwortet worden. Es lassen sich grob zwei Traditionslinien der Interpretation unterscheiden: So sehen etwa H. ROSENBERG [62: Bureaucracy] oder R. KOSELLECK in seiner maßgeblichen Studie zum preußischen Staat im Modernisierungsprozess bis 1848 [141: Preußen] – im Anschluss an ältere Interpretationsmuster des ausgehenden 19. Jahrhunderts [etwa: 52: HINTZE, Beamtentum] – den Staat von der Bürokratie, einem „Beamtenstand", kontrolliert. Diese habe – so KOSELLECK – der absoluten Herrschaft des Monarchen spätestens in der Reformzeit nach 1806/07 ein Ende bereitet, um ihre eigene, von gesellschaftlichen Gruppeninteressen weitgehend abgelöste Herrschaft an deren Stelle zu setzen. Diese, den sozialökonomischen Modernisierungsprozess vorantreibende Bürokratie sei jedoch spätestens nach 1820 von der wieder erstarkenden Schicht der adligen Großgrundbesitzer, die auf den Staat erneut massiven Einfluss genommen habe, in ihren Gestaltungsmöglichkeiten beschnitten und in ihrem Herrschaftsanspruch eingedämmt worden, freilich ohne völlig von der Macht verdrängt zu werden.

Beamtenstand losgelöst von Gruppeninteressen

Dagegen weisen in marxistischer Tradition stehende Theoretiker und Historiker die Sichtweise eines relativ autonomen Staates zurück. Für N. POULANTZAS [59: Politische Macht] und P. ANDERSON [39: Die Entstehung des absolutistischen Staates], aber etwa auch für A. LÜDTKE [277: Gemeinwohl, Polizei] ist der preußische Staat des Vormärz ein klassendominierter Staat, ein „Junkerstaat". Diese „halbfeudale", durch großbourgeoise Elemente angereicherte „Junkerklasse" habe bis weit über die Jahrhundertmitte hinaus den Staat beherrscht. In der DDR-Geschichtswissenschaft sprach man vom „feudal-absolutistischen Staat", eine Sprachregelung, die implizit einen qualitativen Unterschied zwischen dem monarchischen Absolutismus des 18. Jahrhunderts und dem bürokratischen Absolutismus des Vormärz ausschloss. Die ostdeutsche Historiographie begriff den Staat des Vormärz als Herrschaftsinstrument der zum Junkertum verwandelten Feudalklasse in ihrem Abwehrkampf gegen das aufstrebende und von der politischen Macht ausgeschlossene Bürgertum. Jedoch vertraten einige Historiker, insbesonders

Junkerstaat

H. BLEIBER [103: Bourgeoisie; 104: Staat und bürgerliche Umwälzung], die Auffassung, dass der preußische Staat in den 1830/40er Jahren den Forderungen der aufsteigenden Unternehmerschaft partiell nachgegeben und nach 1848 ein Arrangement mit dem Wirtschaftsbürgertum, der Bourgeoisie, gesucht habe. Dadurch sei die weitere Herausbildung einer bürgerlichen Gesellschaft erleichtert worden, wie auch in den 1860er Jahren das Entstehen eines Staates, der zugleich bürgerlichen Interessen diente.

J. KOCKA hat 1974 in einem kritischen Resümee der Chancen und Grenzen einer dogmatisch-marxistischen Analyse des preußischen Staates im Vormärz vor allem deren eklatante Unfähigkeit hervorgehoben, „die Bürokratie als das zu erfassen, was sie, wenn auch nach 1820 in abnehmendem Maße, war: eine trotz aller Rückbindung an bestimmte Interessengruppen und Klassen der sie umgebenden Gesellschaft, in diesen nicht aufgehende Herrschaftsgruppe, aus der wichtige Anstöße und Initiativen hervorgingen, also eine Gruppe mit spezifischen Eigentümlichkeiten, Interessen, Kohäsion und Macht, ein gewichtiger Faktor im sozialen und politischen Kräfteverhältnis..." [138: Preußischer Staat und Modernisierung, 219]. Die Staatsbürokratie ist für KOCKA mithin kein unabhängig von partikularen gesellschaftlichen Gruppen und Klasseninteressen agierender „allgemeiner Stand" (Hegel), aber doch ein „relativ eigenständiger Machtfaktor, als Institution und soziale Gruppe per se". Sie habe nicht zuletzt auch eigene Herrschafts- und Selbsterhaltungsinteressen verfolgt [138: Preußischer Staat und Modernisierung, 221].

Bürokratie relativ eigenständiger Machtfaktor

Auch H.-U. WEHLER beschreibt die preußische Staatsbürokratie zwischen 1819 und 1848 als relativ eigenständigen Machtfaktor in einer rivalitätsreichen Trias von Machtfaktoren in der Herrschaftsausübung, die er für diese drei Jahrzehnte als „monarchisch-adlig-bürokratisches Kondominat" bezeichnet. Einen fast autonomen „bürokratischen Absolutismus" habe es nur für kurze Zeit unter dem „Staatskanzlerregime Hardenbergs" zwischen 1810 und 1819 gegeben. Einerseits hätten die politisch einflussreichen Monarchen die Allianz mit dem von den Reformen in seinen Interessen beeinträchtigten Adel erneuert; ein Bündnis, das die effektive Verteidigung von Adelsinteressen als auch den Primat der Dynastie gefördert habe. Andererseits habe die Bürokratie von dem „wieder entstehenden Machtkartell" nicht ausgeschlossen werden können, nicht zuletzt wegen der stetigen Ausdehnung der Staatsfunktionen, der steigenden Komplexität der Politikfelder und der wachsenden Verrechtlichung aller Lebensbereiche. „Die Bürokratie blieb mithin, schlechterdings unumgänglich, der Dritte im Bunde, aber

„Monarchisch-adlig-bürokratisches Kondominat"

Königsherrschaft bleibt wirkungsmächtig

Rivalisierende Ministerien und Beamtengruppen

Vorform und Ausdruck von gesellschaftlicher Parteienbildung

König präsidiert über zwei lose Parteiungen

sie drückte ihm keineswegs ausschließlich ihren Stempel auf" [35: Deutsche Gesellschaftsgeschichte Bd. 2, 299]. Gerade die häufig unterschätzte Königsherrschaft bleibt für WEHLER ein wirkungsmächtiger Bestandteil der politischen Realität.

E. D. BROSE hat unlängst in seiner innovativen, wohl informierten Studie ebenfalls dem Monarchen eine gewichtige Rolle im preußischen Staat des Vormärz zugewiesen; ein Staat, der in seiner Struktur sehr viel komplexer gewesen sei, um ihn mit Begriffen wie „Beamtenstand" oder „Junkerstaat" erfassen zu können. BROSE sieht die Bürokratie nachgerade als Gegenteil eines „monolithischen Blocks". Er beschreibt den preußischen Staat als geteilt in an Festungen erinnernde Herrschaftsbereiche von Ministerien, Unterabteilungen von Ministerien oder anderen Institutionen wie dem Militär oder der „Seehandlung" (intrastate citadels), die jeweils unterschiedliche Programme, Zielsetzungen und Interessen verfolgt und deren Spitzenbeamte höchst unterschiedliche kulturelle Prägungen durchlaufen hätten. Diese „Cliquen" in den Institutionen des Staates hätten sich lose in zwei Parteiungen zusammengefunden, die eine wirtschaftsliberal und reformorientiert, die andere rückwärts orientiert und merkantilistisch und autarken Denkmustern verhaftet. Beide hätten vom Staat ausgehend in die Gesellschaft ausgegriffen, aber auch gesellschaftliche Prozesse widergespiegelt. Die strukturelle Basis dieser Parteiungen seien Freundeskreise, Salons, Freimaurerlogen oder andere Vereine und Assoziationen gewesen. „Prussia, like authoritarian systems in our century, drove party politics to the private level" [109: The Politics of Technological Change, 259]. Kaum mehr als Gruppen, hätten diese Parteiungen dennoch – so seine überspitzte Formulierung – z. T. ähnliche Funktionen erfüllt wie moderne Parteien heute. Über diesen sich zeitweilig zu Parteiungen findenden „Cliquen" hätten Friedrich Wilhelm III. und seine führenden Berater präsidiert. Es sei ihnen durch Konzessionen nach beiden Seiten gelungen, eine prekäre Königsmacht zu erhalten und auszubauen. Aber das größte Entgegenkommen habe der König der – auf ökonomische Modernisierung setzenden – „Avantgarde" der wirtschaftsliberal orientierten Bürokratie gezeigt, die mit den aufstrebenden Unternehmern in den Kernregionen der Industrialisierung eng verbunden gewesen sei. Das politische Gleichgewicht sei erst gestört worden, als diese „Avantgarde" in den 1830er Jahren ihre Führungsfähigkeit verloren habe (vgl. Kap. I 3.7 und II 1.2 und 1.3). Es sei schließlich zerfallen, als Friedrich Wilhelm IV. sich in den 1840er Jahren zu sehr auf die konservativ-reaktionäre Parteiung, zubewegt habe; eine Parteiung, die auch, aber nicht nur die Interessen des Großgrundbesitzes vertreten habe. In Zeiten beschleunigten sozialökonomischen Wandels wie dem ausgehenden 18. und frühen 19. Jahrhundert würden Staaten – so BROSES interessante These – von geschlossenen, exklusiven Anstalten in relativ offene Strukturen transformiert, die von den sozialen und ökonomischen Auseinandersetzungen bewegt, die Prozesse in der Gesellschaft abbilden würden. Es entstünden Parteiungen im Staatsapparat, die in den Wirbelwind von neuen Klassen- und Statuskonflikten hineingezogen würden. „This whirlwind became particulary evident in Prussia after the Revolution of 1830" [109: The Politics of Technological Change, 24].

Bürokratie einbezogen in Klassen- und Statuskonflikte

2. „Organisierter Kapitalismus" und/oder Aufstieg des Interventionsstaates im Kaiserreich?

2.1 „Organisierter Kapitalismus"?

Im Anschluss an den Historikertag in Regensburg 1972, auf dem eine Sektion der Präsentation und Diskussion des Konzepts „Organisierter Kapitalismus" gewidmet war, kam es bis in die frühen 1980er Jahre zu einer immer wieder aufflackernden, bisweilen polarisierenden Debatte über die Verfasstheit bzw. die Wandlungsprozesse der Wirtschaft im Kaiserreich und das Verhältnis der Wirtschaft zum Staat. Dieses – bereits von seinen damaligen „Vätern" höchst unterschiedlich ausgelegte – [Tagungsreferate in 245: WINKLER (Hrsg.), Organisierter Kapitalismus] – Konzept suchte einige miteinander verflochtene sozioökonomische Veränderungen in Richtung auf eine bewusste Organisation, die das individuelle Konkurrenz- und Vertragsprinzip in der Phase der Hochindustrialisierung ergänzten oder partiell verdrängten, idealtypisch zu erfassen: die Konzernbildung, die Kartellierung und andere Formen nichtmarktförmiger Kooperation zwischen Unternehmern, schließlich die Bildung von einflussreichen Interessenverbänden, aber auch einen staatlichen Funktionszuwachs und eine zunehmende staatliche Intervention in Wirtschaftsordnung und Wirtschaftsablauf [207: KOCKA, Begriffliche Vorbemerkungen, in ebd.]. Nach begrenzten Anfängen vor 1914 hätten diese Organisationstendenzen im Weltkrieg einen ersten, spezifisch zugespitzten Höhepunkt erreicht.

„Organisation" als Grundtendenz der Hochindustrialisierung

Zunehmende staatliche Intervention

In Frontstellung zu dem damals vor allem von der DDR-Historiographie [183: BAUDIS/NUSSBAUM, Wirtschaft und Staat] dogmatisch angewandten Theorem des „Staatmonopolistischen Kapitalismus" (Stamokap), das den Staat jener Epoche zum bloßen Reflex des sozioökonomischen Prozesses und Instrument der „herrschenden Klasse" ver-

DDR-Historiographie

kürzte [vgl. 38: AMBROSIUS, Theorie des Staatskapitalismus], hoben die Verfechter des „Organisierten Kapitalismus" einerseits eine gewisse Eigenständigkeit des Staates hervor.

Andererseits gingen sie aber von einem massiv verstärkten Eindringen organisierter Interessen in die politischen Entscheidungsprozesse aus, von einer „Sozialökonomisierung der Politik", die mit den zunehmenden Staatseingriffen in Wirtschaft und Gesellschaft korrespondierte. „Mit ‚organisiertem Kapitalismus' ist ein System wirtschaftlicher, gesellschaftlicher und politischer Interaktion gemeint, das wesentlich durch die enge Verklammerung der einzelnen Wirtschaftssektoren (Landwirtschaft, Industrie und Handel sowie privater tertiärer Sektor) *miteinander* ebenso wie *mit* den regulierenden, verwaltenden und in verstärktem Umfang auch dienstleistenden Agenturen der Staatsmacht charakterisiert ist" [219: PUHLE, Historische Konzepte, 166]. Zwar inspirierte das Konzept „Organisierter Kapitalismus", in dem stets der Anspruch eines Epochenbegriffs mitschwang, in der Folgezeit keine vertiefenden Fallstudien oder gar eine große Monographie, es floss aber trotz erheblicher Differenzen zwischen seinen ursprünglichen Befürwortern [246: WINKLER, Versuch eines Fazits; 208: KOCKA, Organisierter Kapitalismus im Kaiserreich?] als Interpretationsansatz mangels alternativer Periodisierungsangebote in einige zusammenfassende Darstellungen zur Industrialisierungsgeschichte oder zur Geschichte der Wirtschaftsordnungen ein [etwa 26: MATIS, Das Industriesystem; oder 24: JAEGER, Geschichte].

In verschiedenen Rezensionen des von H. A. WINKLER 1974 herausgegebenen Sammelbandes „Organisierter Kapitalismus" wurde verhaltene bis scharfe Kritik geübt. So kritisierte K. J. BADE den unklaren, eher erkenntnishemmenden Bezug des Konzepts auf den von Rudolf Hilferding (1915) stammenden Theorieentwurf „Organisierter Kapitalismus", den Hilferding selber als reformistische politische Strategie und nicht als Zustandsbeschreibung verstanden habe. Auch habe das Konzept nur die Anfänge thematisiert, nicht aber die weitere Entwicklung [177: Organisierter Kapitalismus]. K. D. BARKIN warf dem Konzept einen additiven und bloß deskriptiven Charakter vor. Weder erkläre es die von ihm lediglich aufgelisteten Veränderungen noch verdeutliche es deren Zusammenhang [181: Organized Capitalism]. T. NIPPERDEY schließlich kritisierte das Konzept, weil es „statisch" sei und keine Aussagen darüber getroffen würden, was nach dem „Organisierten Kapitalismus" komme [215: Rezension, 473 f.]

1978 versuchte V. HENTSCHEL ein Gegenbild zu entwerfen: Die Tendenzen zur Organisation von Wirtschaft, Gesellschaft und Staat vor 1914 seien in Wahrheit sehr schwach gewesen. Von „privatwirtschaft-

Margin notes:

„Organisierter Kapitalismus" als System sozialökonomischer Interaktion

„Organisierter Kapitalismus" als Epochenbegriff

Erste Kritik: additiv, nur deskriptiv, statisch

Gegenbild: bis 1914 nichts qualitativ Neues

lichem Planungsersatz" (Wehler) seien die fast durchweg instabilen Kartelle weit entfernt gewesen und der Einfluss der Interessenverbände werde völlig überschätzt. Das Kaiserreich stelle mithin – auch im Hinblick auf die Staatstätigkeit (vgl. Kap. II 2.3) – nichts qualitativ Neues dar [201: HENTSCHEL, Wirtschaft und Wirtschaftspolitik, 99 f. u. 136 f.]. Inzwischen hat H.-U. WEHLER als einer der ursprünglichen Vertreter des Ansatzes konstatiert, „dass das Interpretationsmodell des ‚Organisierten Kapitalismus' sich als vielfach unbefriedigend, daher auch nicht als durchsetzungsfähig erwiesen hat" [36: Deutsche Gesellschaftsgeschichte Bd. 3, 663]. In der Tat konnten zentrale kritische Einwände über die Jahre nicht entkräftet werden. Der „Organisierte Kapitalismus" ist als Periodisierungskriterium ungeeignet, nicht nur weil seine Vertreter sich nicht einigen konnten, ob er bereits in den späten 1870er Jahren begann oder in den 1890er Jahren oder im Ersten Weltkrieg oder danach. Man kann nicht von einer „Phase des organisierten Kapitalismus" sprechen, denn im strikten Sinne hat es keine vorausgehende Phase des „unorganisierten Kapitalismus" gegeben. Schon lange vor den 1870er Jahren gab es die Organisation kollektiver Interessen in Verbänden, auch Aktiengesellschaften und Kartellen. Umgekehrt erlaubt das Konzept „Organisierter Kapitalismus" auch keine Abgrenzung zur Gegenwart hin. Es hat „vielmehr die Tendenz, Phänomene in einem Zeitraum von vielen Jahrzehnten zu subsumieren und damit fundamentale Veränderungen, die sich zwischen der Zeit des Kaiserreichs und heute abgespielt haben, unterzubelichten" [208: KOCKA, Organisierter Kapitalismus im Kaiserreich?, 622]. Es sei zu statisch und zu unspezifisch [203: HERTZ-EICHENRODE, Rezension, 284; 215: NIPPERDEY, Rezension, 473 f.; aber auch 246: WINKLER, Versuch eines Fazits, 264 f.; 208: KOCKA, Organisierter Kapitalismus im Kaiserreich?, 621 f.]. Auch für H.-U. WEHLER vermag der Begriff „Organisierter Kapitalismus" „die Bewegungen einer schlechthin rasanten Entwicklung nicht realitätsnah einzufangen. Vielmehr steht er ständig in Gefahr, eine Art endgültiges Evolutionsniveau zu suggerieren" [36: Deutsche Gesellschaftsgeschichte Bd. 3, 664].

Das Konzept „Organisierter Kapitalismus" überzeichnet v. a. die direkte Einflussmacht der seit den 1870er Jahren wachsenden Interessenverbände. Im Gegensatz zur Verbandsforschung der 1960er/70er Jahre [etwa 88: KAELBLE, Industrielle Interessenpolitik; 97: ULLMANN, Bund der Industriellen; 92: PUHLE, Agrarische Interessenpolitik; Überblick bei 98: ULLMANN, Interessenverbände] hat sich das Urteil über die Macht der Verbände inzwischen erheblich gewandelt. „Neigte die Forschung anfangs dazu, jene zu überschätzen, verortet sie die organisier-

WEHLER: vielfach unbefriedigend, daher nicht durchsetzungsfähig

Zur Periodisierung des Kapitalismus ungeeignet

Überschätzter Einfluss der Interessenverbände

ten Interessen jetzt differenzierter im politischen Raum" [236: Ullmann, Politik im Deutschen Kaiserreich, 86].

Obwohl H.-U. WEHLER bereits auf dem Historikertag 1972 das
Bild von einem „Duumvirat" von „Organisiertem Kapitalismus" und
konservativem Interventionsstaat, der selbstbewusst seine Stabilitäts-
und Legitimationsinteressen verfolgte, entwarf [239: Aufstieg], wurden – so WEHLER 1995 – vom Konzept insgesamt das spezifische
Eigengewicht des deutschen Staates und die Eigendynamik der politischen Entwicklung (auch der Arbeiterbewegung) kaum berücksichtigt
[36: Deutsche Gesellschaftsgeschichte Bd. 3, 664]. Hierin sieht er offenbar die entscheidende Schwäche des Interpretationsmodells, nicht
zuletzt deshalb, weil es die Perspektive auf die Interaktion zwischen
Staat und organisierten wirtschaftlichen Interessen verzerrt.

Unterschätztes Eigengewicht des Staates

H.-J. PUHLE hat schon vor geraumer Zeit angemerkt, dass sich
Ökonomen, Historiker und Sozialwissenschaftler erstaunlich weitgehend darüber einig sind, dass der Industriekapitalismus „irgendwann in
ein fortgeschritteneres Stadium eingetreten ist, in dem er sich entweder
noch befindet oder das er inzwischen bereits wieder hinter sich gelassen
hat" [219: Historische Konzepte, 165]. Auch herrsche relativ große Einigkeit, dass diese spätere Phase irgendwie mit Tendenzen zu vermehr-
ter Organisation und Staatstätigkeit und neuen Weisen der Interessenvermittlung und des Interessenausgleichs zu tun habe, was auch durch
die Begriffe angedeutet werde, mit denen man sie zu fassen suchte:
etwa „Staatsmonopolistischer Kapitalismus", „neomerkantilistischer
Kondratief" (Schumpeter), „Spätkapitalismus" (Sombart), „Collective
Capitalism" (Feldman) oder eben auch „Organisierter Kapitalismus".

Überzeugendes Peri-odisierungsangebot bleibt Desiderat

Was heute immer noch fehlt, ist freilich ein weithin akzeptierter
Begriff, der die wirtschaftlichen und gesellschaftlichen Strukturen und
Prozesse dieser Phase oder Periode realitätsnah widerspiegelt, anstatt
sie zu verzeichnen oder gar zu verfälschen.

2.2 „Korporativismus": Chancen und Grenzen eines alternativen Interpretationsmodells

Der von der internationalen Politikwissenschaft in den vergangenen
25 Jahren viel diskutierte Strukturtypus des „Korporativismus" ist von
einigen deutschen Historikern auch für die Beschreibung und Analyse
des Verhältnisses von Wirtschaft und Staat im Kaiserreich (seit 1879)
verwendet worden. Für H.-U. WEHLER bietet er „die neue Chance einer
elastischen Interpretation", nicht zuletzt durch die Möglichkeit, blinde
Stellen traditioneller Analysemuster aufzuhellen. Freilich sei mit ihm

WEHLER: Chance einer elastischen Interpretation

der Verzicht auf den ehrgeizigen Anspruch verbunden, die Grundtendenz einer gesamten Epoche zu erfassen, wie es das Konzept „Organisierter Kapitalismus" versucht habe. „Vielmehr setzt er zunächst einmal nur einen relativ hohen Stand der kapitalistischen Entwicklung mit ihren typischen Problemen voraus, bevor sich die Aufmerksamkeit in erster Linie auf die vielfältigen Formen der Kooperation zwischen Unternehmen, Interessenverbänden, Gewerkschaften und Staatsapparat richtet" [36: Deutsche Gesellschaftsgeschichte Bd. 3, 664 f.]. Im Mittelpunkt des Erkenntnisinteresses der Korporativismusforschung steht mithin die tendenzielle Aufhebung der klaren institutionellen Trennung von Staat und Wirtschaft (später einschließlich der Arbeitnehmerorganisationen) durch eine intensiver werdende Verflechtung und Zusammenarbeit bei Entscheidungen sowie durch die Verstetigung dieser Kooperation in „korporativen" Institutionen.

Der Begriff „Korporativismus" ist bereits Mitte der 1930er Jahre von M. MANOILESCU mit neoständischen Konnotationen zur Bezeichnung eines Grundphänomens der ersten Jahrzehnte des 20. Jahrhunderts vorgeschlagen worden [279: Le siècle du corporatisme]. Für die neuere Diskussion seit 1974 griff ihn der Sozialwissenschaftler P. SCHMITTER auf und gab der neueren Diskussion mit seiner Definition wesentliche Impulse. Es handle sich um ein „System der Interessenvertretung, dessen wesentliche Teile in einer begrenzten Anzahl singulärer Zwangsverbände organisiert sind, die nicht miteinander im Wettbewerb stehen, über eine hierarchische Struktur verfügen und nach funktionalen Aspekten voneinander abgegrenzt sind. Sie verfügen über staatliche Anerkennung oder Lizenz, wenn sie nicht sogar auf Betreiben des Staates hin gebildet worden sind" [94: Interessenvermittlung, 94 f.]. Idealtypisch findet die Interessenvermittlung in einem Dreieckssystem zwischen zwei konfligierenden Spitzenverbänden gesellschaftlich organisierter Interessen und dem Staat als Vermittler statt. SCHMITTERS weitere Differenzierung in zwei Varianten, den „State Corporatism" und den „Societal Corporatism" erkennt die prinzipielle Möglichkeit an, dass sich „Korporativismus" sowohl in einem autoritären als auch in einem liberaldemokratischen Staat mit unterschiedlichen Ausformungen, Arrangements und Besonderheiten durchsetzen kann. Trotz eines ähnlichen Grundmusters können somit verschiedene Entwicklungswege oder politische Systemveränderungen berücksichtigt werden.

Insbesonders die Verbändeforschung konnte rasch von dem korporativistischen Erklärungsansatz profitieren, da er eine neue Sichtweise auf das Verhältnis von Staat und Verbänden eröffnete. Lange Zeit war die Forschung vom Theorem der „Pressure Politics" beeinflusst

SCHMITTERS
Definition

Zwei Varianten des
„Korporativismus"

Erkenntnisgewinn
für die Verbände-
forschung

gewesen, mithin von der Annahme, dass private Interessenverbände versuchten, ihre Ziele *gegen* den Staat durchzusetzen. Die Formeln: „Fehlen entschlossener Führung" und „zunehmende Einflussnahme der Verbände" [93: PUHLE, Repräsentation und Organisation, 215] bestimmten die Interpretationen der Beziehungen von Staat und organisierter Wirtschaft. Dagegen geht der „Korporativismus" als Interpretationsangebot davon aus, dass eine korporative Politik beiden Seiten Vorteile bringt, „der staatlichen Verwaltung aufgrund der besseren Information durch die Verbände und deren Beitrag zur Kanalisierung und Selektion von gesellschaftlichen Interessen, den Verbandsspitzen eine wirksamere Durchsetzung ihrer Interessen", so dass ein gegenseitiges „Push and Pull" das Verhältnis bestimmt [83: ALEMANN/HEINZE, Verbändepolitik, 29].

Über den direkten Nutzen für die Verbändeforschung hinaus hat H.-J. PUHLE dezidiert den heuristischen Wert des „Korporativismus"-Konzepts für die Analyse des entwickelten Industriekapitalismus in Zweifel gezogen: „Es bleibt wesentlich beschränkt auf die Prozesse von Interessenartikulation, -organisation und -bestimmung, es klammert bedeutsame wirtschaftliche und soziale Entwicklungen (z. B. Klassenbildung) und auch deren politische Konsequenzen aus und bleibt insgesamt unspezifisch auf den sozioökonomischen Entwicklungsstand des untersuchten Systems". So habe es auch keinen überzeugenden Beitrag zur internen Periodisierung des Industriekapitalismus liefern können. Mithin habe – im Rahmen von Theorien für den Gebrauch des Historikers – der „Korporativismus" als letztlich systemische Kategorie erhebliche Nachteile [219: Historische Konzepte, 183 f.]. Auch H.-U. WEHLER konzediert, dass für Historiker, die das Konzept verwenden wollen, „wesentliche Ursachen, Merkmale und Trends der ‚korporativen' Entwicklung, die von Politikwissenschaftlern absolut vorrangig in der Zeit nach 1945 verfolgt worden sind, nicht präzise genug bestimmt" seien [36: Deutsche Gesellschaftsgeschichte Bd. 3, 665]. Erst durch den Rückgriff auf frühere Überlegungen zum „Organisierten Kapitalismus" (ungleichmäßiges industrielles Wachstum, Konzernbildung und Kartellierung, beginnende kollektive Organisation des Arbeitsmarktes, Aufstieg großer Interessenverbände) gelingt es WEHLER im Dritten Band seiner Gesellschaftsgeschichte, das Konzept „Korporativismus" in anregender Weise anzuwenden. Das schärfste Profil gewinnt das Konzept freilich nicht zufällig bei der Darstellung des Zusammenwirkens der Verbände mit der staatlichen Bürokratie.

W. ABELSHAUSER, der bereits seit den frühen 1980er Jahren in einer Reihe von Aufsätzen versucht hat, Wandlungsprozesse im Ver-

Marginalien:

Kein Beitrag zur Periodisierungsproblematik

Kein gebrauchsfertiges Konzept für Historiker

hältnis von Staat und Wirtschaft im Kaiserreich und späteren Jahrzehnten auch mit den Kategorien des „Korporativismus"-Konzepts zu erfassen bzw. zu deuten, beschränkt sich ebenfalls nicht auf Prozesse der Artikulation, Organisation und Mediation von privatwirtschaftlichen oder staatlichen Interessen. Vielmehr bettet er das „Korporativismus"-Konzept in eigene Untersuchungen und Überlegungen zu Basisprozessen der Industrieentwicklung sowie zur Infrastruktur-, Wirtschafts- und Ordnungspolitik des Staates ein. Dabei kommt er zu durchaus eindrucksvollen und anregenden Schlussfolgerungen, die aber teilweise spekulativ bleiben, weil politikgeschichtliche Untersuchungen – im Sinne einer modernen Entscheidungsprozessanalyse – für das Spannungsfeld von Staat und Wirtschaft, aber auch ideen- oder mentalitätsgeschichtliche Forschungen zu den historischen Akteuren in den Verbänden, Kartellen und den Verwaltungsspitzen des Kaiserreichs weitgehend fehlen (vgl. Kap. 2.3).

Dennoch: anregendes Interpretationsmodell für historische Forschung

Zur Etablierung einer neuen staatlichen Ordnungspolitik am Ende der 1870er Jahre habe – so ABELSHAUSER – auch der Versuch gezählt, die Wirtschaftsordnung des Reiches, ausgehend von Preußen, in Richtung eines Korporativsystems in Wirtschaft und Gesellschaft umzugestalten. Der preußische Staat habe beratende Gremien konstituiert, denen Vertreter der Industrie, der Landwirtschaft und des öffentlichen Lebens angehörten und die sowohl auf Bezirksebene (z. B. Bezirkseisenbahnräte, Wasserstraßenräte für die Provinzen), als auch auf der staatlichen Ebene (Landeseisenbahnrat, Landeswasserstraßenbeirat), eingerichtet wurden. Seitdem seien wirtschaftspolitische Fragen von übergeordneter Bedeutung stets Gegenstand der öffentlichen Beratung und des Interessenausgleichs gewesen.

ABELSHAUSER: Kaiserreich als Korporativsystem

Ein weiteres Argument für das Korporativsystem sieht ABELSHAUSER in der „Verkammerung" der wichtigsten wirtschaftlichen Gruppen: Neben den Handelskammern wurden seit 1894 Landwirtschaftskammern eingerichtet und schließlich 1897 Handwerkskammern als Körperschaften des öffentlichen Rechts gebildet. Die Folgewirkungen dieser „Verkammerung" seien weit über das eigentliche Kammerwesen hinausgegangen. Durch vielfältige, personelle und institutionelle Bindungen seien auch die freien Interessenverbände der Wirtschaft an das System institutionalisierter Zusammenarbeit mit der Staatbürokratie angeschlossen worden. Schließlich seien ihnen sogar bisweilen hoheitliche Aufgaben übertragen worden. Wenn auch Bismarcks noch viel weitergehende Pläne einer korporativen Neuordnung der Interessenvertretung – die Einrichtung eines „Deutschen Volkswirtschaftsrats" – in den 1880er Jahren am Widerstand des Reichstags, der die Etablierung

„Verkammerung" integraler Bestandteil

eines berufständischen Gegenparlaments befürchtete, gescheitert seien, sei die Inkorporierung doch rasch fortgeschritten. Gescheitert war mit dem Bismarckschen Gesamtentwurf nach dem Urteil von ABELSHAUSER nur der autoritäre Typus eines Korporativsystems, während der Korporativismus in seiner freiheitlichen, d. h. auf Vertrags- und Koalitionsfreiheit beruhenden Erscheinungsform reüssierte [168: The First Post-Liberal Nation; 169: Freiheitlicher Korporatismus im Kaiserreich; 247: Neuer Most in alten Schläuchen; 170: Wirtschaftliche Wechsellagen].

„Korporative Marktwirtschaft"

Folgt man ABELSHAUSER, so bildete sich im Kaiserreich ein neuartiges System einer „korporativen Marktwirtschaft" heraus, zu deren Systemelementen als „innovatives Kernstück" er auch die zunehmende Organisation der Wirtschaft in Kartellen rechnet [171: Umbruch und Persistenz, 515]. Dabei habe es sich bei den „kollektiven, d. h. staatsinterventionistischen, verbandlichen und genossenschaftlichen Ordnungsstrukturen der deutschen Wirtschaft" keineswegs um „vorindustrielle Anachronismen" gehandelt [170: Wirtschaftliche Wechsellagen, 204], wenn auch der Rückgriff auf vertraute äußere Formen die Einführung neuer Institutionen erleichterte. Von den Zeitgenossen sei sogar die Kartellorganisation häufig als Anwendung und Modifikation der älteren Genossenschaftsidee auf die moderne industrielle Produktion bewertet worden [171: Umbruch und Persistenz, 515]. Für ABELSHAUSER verkörpert die „korporative Marktwirtschaft" im Verein mit der „produktiven Ordnungspolitik" des Staates nachgerade die zeitgemäße Form der Vergesellschaftung wirtschaftlichen Handelns, die angemessene Antwort auf die Probleme einer hochindustriellen Wirtschaft und die Herausforderungen des Weltmarkts. Diese Aspekte der Wirtschaftsordnung des Kaiserreichs als erster „post-liberaler Nation" hätten sich sogar als zukunftsweisend herausgestellt und trotz einiger Friktionen und Veränderungen als institutionelle Rahmenbedingungen der deutschen Wirtschaft das 20. Jahrhundert überdauert. „Während die Ordnungspolitik eine Domäne des Staates blieb, überließ dieser die Regulierung des wirtschaftlichen Ablaufs dem System der korporativen Marktwirtschaft. Dessen Funktionsweise lag in der freien Kooperation relativ autonom handelnder gesellschaftlicher Gruppen, Verbände, Korporationen und Konzerne, in die der Staat nur selten moderierend eingriff, dessen Etablierung und Konfiguration als soziales System der Produktion er aber aktiv förderte, darin durch die Rechtssprechung unterstützt" [172: Markt und Staat, 122].

Neues „im historischen Gewande"

Post-liberale Wirtschaftsordnung zukunftsweisend

2.3 Aufstieg des Interventionsstaates im Kaiserreich?

H.-U. WEHLER hatte in seinem Beitrag zum Konzept des „Organisierten Kapitalismus" Anfang der 1970er Jahre für eine separate Analyse
der Staatsentwicklung plädiert und das Bild eines „parallel-komplementär aufsteigenden Interventionsstaates" entworfen, der im Kaiserreich zunehmend auf immer mehr wirtschafts- und sozialpolitischen
Feldern aktiv wurde. „Der rasch wachsende Aufgabenbereich des Interventionsstaates, der Eingriff in immer größere sozioökonomisch-po-
litische Komplexe, der tendenzielle Anspruch, die gesamtgesellschaft-
lichen Rahmenbedingungen zu beeinflussen", würden auch wichtige
Kriterien an die Hand geben, „um diese Staatätigkeit von den relativ
bescheidenen, punktuell Wachstum induzierenden Hilfeleistungen des
Staats in der Frühindustrialisierung zu unterscheiden" [239: WEHLER
Aufstieg, 48]. Die Entwicklung zum Interventionsstaat sei zwar durch
die „industriellen und agrarischen Wachstumsstörungen, die dadurch
verschärften gesellschaftlichen Konflikte und die immanenten Entwicklungstendenzen der Industrie" [Ebd., 47] vorangetrieben worden,
der Staat habe aber nicht nur reagiert, sondern auch selbstbewusst
agiert. In der kaum gebrochenen Staatstradition des „aufgeklärten
Absolutismus" mit seiner „Wohlfahrts-„ und „Polizeipolitik" seien
mentale Dispositionen in der Administration virulent geblieben, die
nach 1878 „eine moderne Intervention" begünstigt hätten [Ebd., 45].
Das Kaiserreich von 1871 habe ein institutionell, dazu in Tradition und
Mentalität fest verankertes Eigengewicht als Staat besessen. Es sei
dem Staat nicht nur darum gegangen, die gefährdete Funktionsfähig-
keit der Wirtschaft zu stabilisieren, kontinuierliches Wachstum zu er-
leichtern und Sozialkonflikte abzumildern, sondern auch die eigene
Herrschaft zu legitimieren, mithin das noch hohe Legitimationsbedürf-
nis des jungen Kaiserreichs zu befriedigen. Freilich habe der Staat – so
urteilt WEHLER im Anschluss an J. A. SCHUMPETER – immer auch die
sozialen Machtverhältnisse reflektiert, wenn er selbst auch kein bloßer
Reflex derselben war. Daher habe der erfolgreiche Interventionismus
primär den „privilegierten Gesellschaftsklassen" und der „konservativen Machtkonfiguration" gedient. Doch habe der Interventionismus
mit seinen wachsenden Staatsaufgaben und Staatsausgaben im Gefolge
auch zukunftsweisende Entwicklungen begünstigt, etwa „den modernen ,Steuerstaat', der zunehmende Teile des Sozialprodukts akku-
mulierte, verwaltete, erwirtschaftete und das Volkseinkommen durch
neue staatlich sanktionierte Distributionsmechanismen umverteilte"
[239: Aufstieg, 48].

Marginalia:

WEHLER: parallel-komplementär aufsteigender Interventionsstaat

Wachstumsstörungen erfordern Intervention

Staatstradition begünstigt Interventionsstaat

Staatsintervention legitimiert Herrschaft

HENTSCHEL: keine
neue Qualität der
Staatstätigkeit

Keine bewusste
Konjunkturpolitik

Geringe Vereinnah-
mung des Sozialpro-
dukts durch Staat

Geringe Transfer-
quoten

V. HENTSCHEL argumentierte 1978 nicht nur gegen das Konzept des „Organisierten Kapitalismus" (vgl. Kap. II 2.1), sondern versuchte auch H.-U. WEHLERS Interpretation eines aufsteigenden Interventionsstaates im Kaiserreich grundsätzlich in Frage zu stellen. Weit entfernt von einer ausgewogenen Analyse des für die ökonomische Entwicklung relevanten wirtschafts- und ordnungspolitischen Handelns von Reich, Bundesstaaten und Kommunen, beschränkt sich HENTSCHEL in seiner Studie auf eine – wesentlich auf Sekundärliteratur basierende – Analyse vor allem von Aspekten der Geld-, Steuer- und Ausgabenpolitik des Reiches und der Länder. Innerhalb dieses begrenzten Themenfeldes kann er plausibel darlegen, dass die historischen Akteure wenig institutionelle und finanzielle Mittel sowie theoretische Einsichten besaßen, um die Konjunktur zu stabilisieren, falls sie es überhaupt wollten. So sei die Diskontpolitik der Reichsbank, neben der Banknotenausgabe das einzige Instrument der Geldmengenbeeinflussung, „nie betont als Instrument der Konjunktursteuerung im modernen Sinne gehandhabt worden" [Ebd., 136]; nicht zuletzt deshalb, weil die Reichsbankbeamten noch nicht voll mit den inneren Zusammenhängen zwischen Geldmenge, Geldmengensteuerung und wirtschaftlicher Entwicklung, insbesonders zur Überwindung eines Konjunkturtales, vertraut gewesen seien. Die Reichsleitung oder die gewichtige preußische Finanzverwaltung hätten zwar durch „konjunkturgerechtes timing" ihrer Staatsanleihen durchaus volkswirtschaftlich spürbare Effekte erzielen können. „Sie haben nichts dergleichen getan, sondern sich bei der Wahl ihres Emissionszeitpunkts ihrer großen und wachsende Anleihen ausgesprochen zyklisch verhalten" [201: Wirtschaft und Wirtschaftspolitik, 142]. Insgesamt habe die staatliche Wirtschaftspolitik eine kontinuierliche, zielbewusste Konjunkturbeeinflussung nicht wirklich angestrebt, obwohl „in den letzten Friedensjahren wohl allmählich das Bewusstsein" erwachte, „dass dergleichen möglich sei …" [Ebd., 260].

Es war Ende der 1970er Jahre sicherlich richtig, darauf hinzuweisen, dass das ökonomische Gewicht des Staates in der Gesellschaft des Kaiserreichs zeitweise von der Geschichtswissenschaft überzeichnet worden war. Denn die Steuer- und Abgabenquoten, d. h. die Steuern im einfachen und im weitesten Sinn lagen im Verhältnis zum Bruttosozialprodukt noch im letzten Jahrzehnt vor dem Ersten Weltkrieg mit 5–7 Prozent erheblich niedriger als in der Weimarer Republik (15–20 Prozent) oder gar in der zweiten Hälfte des 20. Jahrhunderts (24–43 Prozent). Ebenso waren die die Transferquoten, d. h. die laufenden Übertragungen des Staates an die privaten Haushalte (Geldleistungen der

Sozialversicherungen, öffentliche Pensionen, soziale Leistungen der Gebietskörperschaften) und die Beträge, die von den privaten Haushalten an den Staat gezahlt werden müssen, vergleichsweise gering [Überblick: 175: AMBROSIUS, Staat und Wirtschaft, 58 f.]. Zu Recht weist HENTSCHEL in diesem Zusammenhang darauf hin, dass die preußische Steuerreform von 1891/93 und weitere Reformen bis 1914 noch keinesfalls – wie H.-U. WEHLER suggerierte [239: Aufstieg, 48] – bereits die institutionellen Vorbedingungen für einen Steuer- und Wohlfahrtsstaat gelegt hätten; davon war das Kaiserreich in der Tat noch weit entfernt, das hat erst die Steuergesetzgebung der Weimarer Republik erreicht.

Steuerreform 1891/93 überschätzt

Unsolid wird HENTSCHELs Kritik an WEHLERs Bild eines aufsteigenden Interventionsstaates aber durch seine Vorgehensweise, die für eine hohe und wachsende Staatstätigkeit sprechenden Daten, Fakten und Indizien gar nicht oder nur am Rande abzuhandeln. So sind für ihn die steigenden Staatsausgaben pro Kopf der Bevölkerung von 54 auf 120 Mark bzw. die Steigerung des Anteils der Staatsausgaben am Nettosozialprodukt von 13,8 auf 18,9 Prozent zwischen 1890 und 1913 – weniger durch Steuereinnahmen als vielmehr durch Erwerbseinkünfte der öffentlichen Betriebe und wachsende Staatsverschuldung finanziert – nicht erklärungsbedürftig. Auch erwähnt HENTSCHEL etwa den bemerkenswert hohen Anteil von öffentlichen Investitionen an den Gesamtinvestitionen nicht. Nach Berechnungen von G. AMBROSIUS war immerhin seit dem Zweiten Weltkrieg der öffentliche Anteil an den Nettoinvestitionen nur in den 1960er und 1970er Jahren etwas höher als im Kaiserreich. „Mitte der 1980er Jahre hatte er mit gut 10 Prozent in etwa wieder die Höhe wie vor dem Ersten Weltkrieg" [175: Staat und Wirtschaft, 64].

Dagegen: deutlich wachsende Staatsausgaben pro Kopf

Hoher öffentlicher Anteil an Nettoinvestitionen

Zwar konzediert HENTSCHEL die wachsenden Staatsausgaben und die wichtiger werdende Rolle des Staates als Konsument, Investor und Arbeitgeber beiläufig. Freilich nur, um die gewachsene Staatstätigkeit dann als bedeutungslos darzustellen. Ähnlich verfährt er mit klaren Indizien, die für eine staatlich induzierte gesellschaftliche Umverteilung oder für eine staatliche Stabilisierung privatwirtschaftlichen Wachstums in einzelnen Wirtschaftszweigen sprechen: Er versucht ihre Bedeutung zu minimieren.

Zu Recht hat daher J. KOCKA unter Zugrundelegung der von HENTSCHEL überaus niedrig geschätzten Zahlen, kritische Fragen aufgeworfen: „Ist es wirklich ein Zeichen für die Geringfügigkeit wirtschaftspolitischer Umverteilungswirkungen, wenn sich herausstellt, dass die Zollpolitik den Weizen- und Roggenproduzenten einen Mehrerlös von

KOCKA: Welche Maßstäbe für „Geringfügigkeit"?

6 bis 8 Prozent der Verkaufspreise einbrachte (S. 199 f.)? Ist es wirklich wenig, wenn nach 1900 14 bis 25 Prozent der Schiffsproduktion auf staatlich in Auftrag gegebene Kriegsschiffe entfielen (S. 151)? Welches sind die Maßstäbe? [208: Organisierter Kapitalismus im Kaiserreich?, 617]. Man könne – so KOCKA – die Rolle des Staates in der Wirtschaft des Kaiserreichs nicht „in den Griff" bekommen, „wenn man die staatlichen Wirtschaftsunternehmen (z. B. die Eisenbahnen), die gemischtwirtschaftlichen Unternehmen in der Elektrizitätsversorgung, die nicht unbeachtliche staatliche Investitionstätigkeit, die Mittelstandspolitik, die vielen ‚kleinen Mittel' der Agrarpolitik oder die Börsengesetzgebung – um nur einige der nicht behandelten Materien zu nennen – nicht einbezieht" [Ebd., 618]. Man könne an den Staatsinterventionis-

„Keynesianische" Wirtschaftspolitik falsche „Messlatte"

mus des späten 19. Jahrhunderts nicht mit der „Messlatte" eines entwickelten, geld- und währungspolitische Instrumente zielgerichtet handhabenden „Keynesianismus" herangehen. Es bedeute deshalb keine Überraschung, wenn im Kaiserreich keine bewusste antizyklische Konjunkturpolitik wie in den westlichen Industriestaaten der zweiten Hälfte des 20. Jahrhunderts betrieben worden sei.

Die stark divergierenden Urteile über Aufstieg oder Nichtexistenz eines Interventionsstaates im Kaiserreich, wie sie zugespitzt in der Kontroverse WEHLER-HENTSCHEL-KOCKA zum Ausdruck kommen, lassen sich nicht nur auf erhebliche Forschungsdefizite oder auf jeweils persönliche Vorlieben für Laissez-faire oder Staatsintervention zurückführen. Differenzen in der Bewertung und Charakterisierung der

Differenzen mit Definitionsfragen verknüpft

Staatstätigkeit im Kaiserreich sind offenbar eng mit Definitionsfragen verknüpft.

Wenn man – wie augenscheinlich HENTSCHEL – die Bezeichnung „Interventionsstaat" nur für die Interventions- und Wohlfahrtsstaaten nach 1945, mit Staatsquoten von 40 Prozent und mehr, gelten lassen will und Staatsinterventionismus vornehmlich als geldwirksame, di-

Ab wann kann man vom Interventionsstaat sprechen?

rekte und zugleich systematische Einwirkung von Zentralregierungen auf den Wirtschaftsablauf mit dem Ziel der unmittelbaren Wachstumssicherung und Konjunkturbeeinflussung begreift, dann erübrigt es sich, über einen Interventionsstaat – und sei es auch nur einen „aufsteigenden" – im Kaiserreich zu diskutieren. Die öffentlichen Haushalte expandierten zwar, wurden aber noch nicht gezielt für eine solche Wirtschaftspolitik eingesetzt.

Freilich gab es vor dem Erfahrungshintergrund der Wirtschaftspolitik der Weimarer Republik und des Kaiserreichs bereits in den 1920er Jahren, sozusagen im „vorkeynesianischen Zeitalter", grundlegende Definitionen von „Staatsinterventionismus", die eine Interpretation des

Aufstiegs bzw. Beginns des Interventionsstaates im Kaiserreich zulassen und legitimieren. So definierte 1929 der in der liberalen Tradition volkswirtschaftlicher Theoriebildung stehende, zeitweilig einflussreiche W. RÖPKE (1899–1966) „Staatsinterventionismus" in Abgrenzung zu allgemeiner staatlicher Wirtschafts- und Fiskalpolitik und der verbreiteten Sichtweise, jeder Einfluss des Staates auf das Wirtschaftsleben sei bereits Intervention, wie folgt: „Wir betrachten vielmehr die Intervention als Untergruppe der Wirtschaftspolitik und fassen unter diesem Begriff alle jene wirtschaftspolitischen Maßnahmen zusammen, die sich zweifach dadurch auszeichnen, dass sie die Produktion und Distribution der Volkswirtschaft zu verändern suchen, ohne wie der Sozialismus das auf dem Privateigentum an den Produktionsmitteln mit allen seinen Folgerungen beruhende System der Marktwirtschaft aufzuheben. Jede Maßnahme, die diesen Doppelcharakter trägt, wird mithin als interventionistische zu bezeichnen sein, wie auch immer geartet sie sein mag."

RÖPKE fasst unter Intervention nicht allein den staatlichen Eingriff in den Wirtschaftsablauf (etwa durch Zölle, Subventionen oder öffentliche Notstandsarbeiten), sondern auch in die Wirtschaftsordnung, die Wirtschaftsfreiheit, etwa durch Verstaatlichung von Unternehmen oder unternehmerische Tätigkeit des Staates, sofern diese nicht allein fiskalpolitischen Zwecken dienen, sondern etwa durch Veränderungen der Betriebsführung und der Preisbildung Einfluss auf den Ablauf des Wirtschaftsprozesses haben. Er versteht unter Intervention auch all jene Maßnahmen, die man unter wohlfahrtsstaatlicher Politik, von der Einführung der Sozialversicherung in den 1880er Jahren über staatliche Wohnungsbauförderung bis hin zur Arbeitsmarktregulierung durch Arbeitslosenversicherung (1927), einordnen kann. In dieser Perspektive lassen sich schon viele Formen der Staatsintervention im Kaiserreich finden, die für die Gesamtwirtschaft bedeutend (Staatseisenbahnen und andere öffentliche Unternehmungen, Zoll- und Subventionspolitik für die Landwirtschaft und einzelne Industriebranchen, Sozialversicherungsgesetze) und weniger bedeutend waren. Intensivere Forschungen dürften noch weitere Felder des Staatsinterventionismus im Sinne RÖPKES entdecken oder erschließen. RÖPKE selber verortet aus der Rückschau den Beginn einer sich intensivierenden Staatsintervention bereits im Kaiserreich, wobei er freilich konstatiert, dass sich nach 1920 „ein Maß an Staatsintervention" aus der Kriegs- und Übergangswirtschaft „behauptete, mit dem verglichen die Staatsintervention vor dem Kriege als ein schüchterner Anfang erscheint" [288: Handwörterbuch der Staatswissenschaften, 863].

RÖPKES Definition von 1929

Beeinflussung von Produktion und Distribution bereits im Kaiserreich

Urteile bundesdeut-
scher Historiker

ULLMANN: „Anfänge
des modernen
Interventions- und
Sozialstaats"

ZIEGLER: „Entste-
hung des modernen
Interventionsstaats"

AMBROSIUS: „Immer
mehr interventionis-
tische Elemente ein-
gebaut"

Öffentliche Unter-
nehmen „konkrete
Ausprägung des
Staatsinterventio-
nismus"

Eine ganze Reihe deutscher Historiker, die sich in den vergangenen drei Jahrzehnten in Aufsätzen oder in Überblicksdarstellungen mit
dem Verhältnis von Staat und Wirtschaft beschäftigt haben, neigen
dazu, in den auch von RÖPKE skizzierten Formen der Intervention den
Beginn des modernen Interventionsstaates zu sehen und in das Kaiserreich zu datieren. Zumeist wird auf die begrenzte Reichweite, Tiefen-
wirkung und fehlende Systematik der interventionistischen Maßnahmen verwiesen, der Beginn des Interventionsstaates nicht als qualitati-
ver Sprung zu einem neuen „System" – eine Sichtweise, die HENTSCHEL
implizit WEHLER unterstellte –, sondern als ein allmählicher Umschlag
aufgrund der Quantität staatlichen Eingreifens in eine komplexer werdende Industriegesellschaft dargestellt. 1995 zog. H.-P. ULLMANN in
seiner Überblicksdarstellung „Das deutsche Kaiserreich" das Resümee:
„In die Zeit des Kaiserreichs fallen mithin die Anfänge des modernen
Interventions- und Sozialstaats. Dieser war ebenso zukunftsweisend
wie entwicklungsfähig, hatte aber auch seine klaren Grenzen" [234:
Kaiserreich, 181]. Auch D. ZIEGLER geht von der „Entstehung des modernen Interventionsstaates" im Kaiserreich aus und exemplifiziert das
an Beispielen der Wirtschafts- und Infrastruktur sowie der Sozialpolitik
[37: Das Zeitalter, 263 f.]. Für G. AMBROSIUS spiegelt die Wirtschafts-
und Sozialordnung des Kaiserreichs den Übergang von der liberalen
Ära des 19. zur interventionistischen des 20. Jahrhunderts wider. „Es
war zwar eine ausgesprochen liberale Ordnung, in die aber im Laufe
der Zeit immer mehr interventionistische Elemente eingebaut wurden"
[248: Staat und Wirtschaftsordnung, 123]. Für ihn sind die „ersten Versuche, den kapitalistischen Produktions- und Verwertungsprozess als
solchen bewusst zu beeinflussen ... unverkennbar". Nicht nur die Zollpolitik oder die gezielte Förderung einzelner Wirtschaftszweige mit
Subventionen und Rüstungsaufträgen seien Ausdruck dieses Interventionismus gewesen. In der „Form der öffentlichen Unternehmung"
sieht AMBROSIUS das Signum des Epochentrends, die „konkrete Ausprägung des Staatsinterventionismus" im Kaiserreich [174: Der Staat
als Unternehmer, 15, 54].

E. SCHREMMER glaubt in der staatlichen Unternehmertätigkeit in
großem Stil eine spezifische Dynamik und Eigenart des Interventionismus im Kaiserreich – „der Staat der deutschen Gliedstaaten war alles
andere als eine Nachtwächterstaat" – erkennen zu können. „Ein Staat,
der Großunternehmer ist, ist etwas anderes als ein Staat ohne diese Erfahrung des Selbsttätigseins auf dem Produzenten-Markt." Neben den
privaten Partikularinteressen, die von „außen" auf den Staat Einfluss
nahmen, habe es so etwas wie originäre wirtschaftliche Eigeninteressen

des Staates „von innen" gegeben, die – vertreten von einer eng miteinander verwobenen Staatsverwaltungs- und Staatsunternehmensbüro-
kratie – fortgesetzte Eingriffe des Staates herausgefordert hätten [290:
Föderativer Staatsverbund, 25]. W. TREUE spricht in vergleichbarer Absicht dezidiert von der „Preußischen Staatswirtschaft", deren gesamtwirtschaftliche Bedeutung und Einflussnahme in den Jahrzehnten des
Kaiserreichs er facettenreich darstellt, ohne auf die Frage nach der
Charakterisierung als Interventionismus einzugehen [297: Preußens
Wirtschaft, 553 f.]

    Für W. ABELSHAUSER steht außer Frage, dass das Reich, vor allem
aber die Bundesstaaten seit Ende der 1870er Jahre Staatsinterventionismus betrieben, um die produktiven Kräfte ihrer Wirtschaftsräume zu
entwickeln. Letztlich brauchten die Einzelstaaten – so ABELSHAUSER –
nur zu einem längst bekannten Prinzip zurückzukehren. „Bis dahin hatten sie ihre Interventionsmacht eingesetzt, um Restbestände merkantilistischer Wirtschaftsverfassung abzubauen und an die ‚Vernunft' des
Marktes zu orientieren" [170: Wirtschaftliche Wechsellagen, 202]. Im
Gegensatz zu den meisten anderen Autoren vermag ABELSHAUSER
durchaus eine Systematik und Zielgerichtetheit des Staatsinterventionismus im Kaiserreich zu erkennen. Die Wirtschaftspolitik des Reiches
und der Bundesstaaten zielte – mit und ohne staatsinterventionistische
Maßnahmen – auf eine „produktive Ordnungspolitik". Während die
Ordnungspolitik eine Domäne des Staates geblieben sei, habe der Staat
die Regulierung des wirtschaftlichen Ablaufs zunehmend dem System
der „korporativen Marktwirtschaft" überlassen (vgl. Kap. II, 2.2).

    Im Urteil von T. WELLENREUTHER nahmen die Interventionen und
Regulierungen im Kaiserreich eindeutig zu, hat der Staat immer wieder
„massiv in das Marktgeschehen" eingegriffen. [241: Infragestellung
des ökonomischen Liberalismus, 101]. Der Staat habe aber kein wirt-
schaftspolitisches Dogma und keine übergeordneten Zielsetzungen verfolgt, sondern an Wirtschaftspolitik angeboten, was die wichtigsten
Gruppen nachgefragt hätten, bzw. was die Gruppen an Wirtschaftspolitik bevorzugten, die der Staat für die wichtigsten gehalten habe. Man
könne diese Wirtschaftspolitik pragmatisch nennen, oder weniger
wohlmeinend, opportunistisch. Folgt man WELLENREUTHER so hat das
Kaiserreich „massiv Ordnungspolitik betrieben", war aber keinem
Leitbild verpflichtet. Das Leitbild aus der Frühphase des Kaiserreichs
in den 1870er Jahren, das des Liberalismus, sei vielfach verletzt und
desavouiert worden. „Es ist allerdings auch nicht zu erkennen, dass ein
anderes Leitbild anstelle des liberalistischen getreten wäre" [Ebd., 74].
Am ehesten könne man diese Epoche mit dem Begriff des „liberalen

TREUE: „Preußische
Staatswirtschaft"

ABELSHAUSER:
Staatsinterventionis-
mus systematisch
und zielgerichtet

WELLENREUTHER:
Staat greift massiv in
das Marktgeschehen
ein

Staatsinterventionismus" fassen, einem Begriff, der in gewisser Weise einen Widerspruch in sich selbst bilde.

W. Fischer bleibt in seinem überaus informativen Beitrag zum „Handbuch der europäischen Wirtschafts- und Sozialgeschichte" in seinem Gesamturteil über die Rolle des Staates im Wirtschaftsprozess eher zurückhaltend: „Eine gesamtwirtschaftliche Konjunktur-, Wachstums-, Struktur- oder Ordnungspolitik im modernen Sinne konnte es in Deutschland zwischen 1850 und 1914 nur sehr rudimentär geben ... Dennoch lassen sich in der Fülle der wirtschaftspolitischen Aktivitäten, die oft fiskalpolitisch motiviert und sektoral begrenzt waren, Ansätze zu einer Beeinflussung der wirtschaftlichen Entwicklung erkennen... " Die öffentlichen Ausgaben und Investitionen hätten bereits einen so großen Umfang angenommen, dass der Staat, ohne gesamtwirtschaftliche Lenkungsfunktionen wahrnehmen zu wollen, mit allen seinen Entscheidungen in den Wirtschaftsablauf eingegriffen habe. „Durch seine Steuer- und Sozialpolitik wurde er zum wichtigsten Umverteiler von Einkommen und Vermögen ... Im Vergleich zu der Zeit nach dem Ersten Weltkrieg blieb der Bewegungsspielraum des Bürgers, insbesondere des wirtschaftenden Bürgers, jedoch groß, die Steuer- und Abgabenquote gering und die Intervention des Staates zurückhaltend und indirekt" [194: Deutschland 1850–1914, 426 und 431].

F. W. Henning beschreibt detailreich das Anwachsen der Staatstätigkeit, die Expansion des öffentlichen Finanzwesens und die zunehmende Relevanz staatlicher bzw. kommunaler Unternehmen im Wirtschaftsleben, enthält sich aber einer Stellungnahme zur Diskussion um die Charakterisierung dieser Entwicklungen als Beginn des Interventionsstaates [23: Handbuch, Bd. 2; ähnlich: 18: Born, Wirtschafts- und Sozialgeschichte]. H. Jaeger betont, dass die Jahrzehnte des Kaiserreichs „eine bedeutende Vermehrung der staatlichen Einflussnahme auf die Wirtschaft" brachten, kommt aber zu keiner klaren Bewertung dieses Prozesses [24: Geschichte, 99].

T. Nipperdey konzediert, dass aus einer Vogelperspektive betrachtet in den Jahrzehnten vor 1914 „aus dem liberalen Staat des 19. Jahrhunderts ... der moderne Staat des 20. Jahrhunderts, der Interventionsstaat, der Staat der Daseinsvorsorge, der Wirtschaft- und Sozialstaat" wurde. Er will aber bewusst „bei einer Entgegensetzung von Typen aus der Vogelperspektive ... den Wandel relativieren und die Übergänge betonen". Auch der klassisch liberale Staat habe in vielfältiger Weise in Wirtschaft und Gesellschaft eingegriffen. Zwar mochte einem Liberalen von 1869 – so Nipperdey – der deutsche Staat von 1914 fremd vorgekommen sein, „neomerkantilistisch" oder „staatssozialistisch", „im Vergleich zur Mitte und zum Ende des 20. Jahrhunderts" seien das aber „alles erst bescheidene Anfänge", seien „die Zustände noch den klassisch-liberalen näher als den heutigen" gewesen. Dennoch kommt er schließlich zu dem Urteil: „Quantitativ war der Wandel der Staatsaufgaben noch gering, qualitativ war der Unterschied zum liberalen ‚Nachtwächterstaat' deutlich und entscheidend" [29: Deutsche Geschichte 1866–1918, Bd. II, 471 f.].

Dennoch: qualitativ war Unterschied deutlich

Alle angeführten Historiker – auch die letztgenannten, welche die Tendenzen zur Ausbildung eines Interventionsstaates im Kaiserreich eher relativieren oder sich einer Stellungnahme enthalten – sehen in der staatlichen Implementierung eines Sozialversicherungssystems in den 1880er Jahren und der Ausweitung seiner Leistungen und des Empfängerkreises bis 1914 zumindest den Anfang des „Wegs zum modernen Sozialstaat [18: BORN, Wirtschafts- und Sozialgeschichte, 123] oder, noch deutlicher, einen „wichtigen Schritt auf dem Weg zum modernen Staat der Intervention und der Daseinsvorsorge" [28: NIPPERDEY, Deutsche Geschichte 1866–1918, Bd. I, 352]. Durchweg wird in der Literatur anerkannt, dass sich die soziale und wirtschaftliche Lage der Arbeiter und ihrer Familien zumindest auf mittlere Sicht deutlich verbesserte. „1914 wurde fast 1 Milliarde Mark an Leistungen – das entsprach etwa 40 Prozent des Reichshaushalts – an die 15,6 Millionen Mitglieder der Krankenversicherung, die 28 Millionen Mitglieder der Unfallversicherung und die 16,6 Millionen Mitglieder der Arbeiterrentenversicherung gezahlt" [223: RITTER/TENFELDE, Arbeiter, 703].

Konsens: Kaiserreich auf dem Weg zum Sozialstaat

Unausgesprochen bleibt in vielen Darstellungen, dass es sich um eine staatliche Intervention zu dem Zweck handelte, die gesellschaftliche Umverteilung – vornehmlich unter den Arbeitnehmern – zu beeinflussen. Die staatlich verordneten Zwangsversicherungen zielten darauf ab, „die Marktergebnisse auf diesem Gebiet in der Weise zu modifizieren, dass es zu einem höheren Sicherheitsniveau bei den Einnahmen der unteren Klassen kam" [241: WELLENREUTHER, Infragestellung des ökonomischen Liberalismus, 98]. H.-G. REUTER konstatiert, dass in diesem Sinne – trotz geringer Belastung der Arbeitnehmereinkommen und der Lohnnebenkosten für die Unternehmer – „die Sozialversicherungspolitik, soweit sie Konsumausgaben für die Versicherten tätigte und präventive Ziele verfolgte, eindrucksvolle Erfolge vorzuweisen" hatte [220: Verteilungs- und Umverteilungseffekte, 147]. Er weist aber darauf hin, dass bei den Transferleistungen, die entscheidend von den viel zu niedrigen Renten bestimmt wurden, die finanziellen Möglichkeiten der Versicherung nicht ausgeschöpft worden seien, weil am Kapitaldeckungsverfahren festgehalten und nicht – wie bei der Kranken-

Zwangsversicherung = Modifizierung von Marktergebnissen

Krankenversicherung in diesem Sinne erfolgreich

Rentenversicherung bleibt hinter Möglichkeiten zurück

Umverteilungsquote
auch deshalb gering

versicherung – das Umlageverfahren eingeführt worden sei. Die sog. Umverteilungsquote bei Arbeitsunfähigkeit aller Art wuchs von 0,2 Prozent des Nettoinlandprodukts von 1885 auf 2 Prozent 1913, blieb aber im Vergleich zu späteren Jahrzehnten auch wegen des niedrigen Rentenniveaus gering. Aufgrund der Finanzierung durch Beiträge statt durch Steuern und des sehr niedrigen Staatszuschusses für die Renten war außerdem der Einkommensverteilungseffekt des deutschen Sozialversicherungssystems von oben nach unten äußerst begrenzt [in europäisch vergleichender Perspektive dazu: 180: BALDWIN, Politics of Social Solidarity.]

D. LANGEWIESCHE hat freilich vor geraumer Zeit in einem viel beachteten Aufsatz die These vertreten, dass bis in die 1880er Jahre die Kommunen „die ‚sozialstaatliche' Hauptlast der gesellschaftlichen Entwicklung zu tragen hatten" und die kommunale Daseinsvorsorge seit dem späten 19. Jahrhundert sodann den eigentlichen Kern des expandierenden Dienstleistungs- und Daseinsvorsorgestaates in Deutschland gebildet habe. Die Armenfürsorge sei, nicht zuletzt wegen der mangelnden sozialen Absicherung im Alter, ein virulentes Problem der Kommunen geblieben und in einige der neuen Aufgabenfelder – etwa der Arbeitslosenhilfe oder der Arbeitsvermittlung – sei der Zentralstaat

Kommunale
Daseinsvorsorge
bedeutend für Auf-
stieg des Interven-
tionsstaates

erst im 20. Jahrhundert eingerückt. „Mit der kommunalen Daseinsvorsorge vollzog sich der Durchbruch des modernen Interventionsstaates, nicht erst und nicht allein mit den Angeboten auf zentralstaatlicher Ebene" [76: „Staat" und „Kommune", 634]. Trotz einschränkender Kritik an LANGEWIESCHE macht sich D. PETZINA diese Sichtweise zu eigen: „Mag die These auch den Blick auf die wichtige Rolle des Reiches in der Bismarck-Ära verstellen, so bleibt doch unstrittig, dass der ‚Kommunalsozialismus' seit den 1880er Jahren im Verein mit dem staatlichen Interventionismus im Felde der Volksbildung, dem Ausbau der Infrastruktur und der Sozialversicherung das Äquivalent zum Wohlfahrtsstaat des 20. Jahrhunderts war" [77: Veränderte Staatlichkeit, 238 f.].

Auch R. TILLY betont in seinen quantifizierenden Studien zu Finanzen und Investitionen der Kommunen im Kaiserreich deren zunehmender Anteil bei Ausbildung des modernen Interventions- und Wohlfahrtsstaates. Er stellt „insgesamt eine deutliche Tendenz zunehmender Intervention und wachsender kommunaler Aktivitäten" fest, „ein Beispiel des ‚Wagner'schen Gesetzes' auf städtischer Ebene" [80: Städtewachstum, Kommunalfinanzen, 151]. Die Expansion kommunaler Aktivitäten sei mit einer wachsenden Steuerbelastung der Ober- und oberen Mittelschichten der Städte einhergegangen, die zwar teil- und zeitweise von einem Ausbau der Nichtsteuereinnahmen – vor allem der Gewinne kommunaler Unternehmen – gebremst, aber tendenziell nicht habe aufgehalten werden können. Die kommunalen Haushalte im Kaiserreich hätten bewusst die gesellschaftliche Distribution zugunsten der Unterschichten beeinflusst. Deshalb solle man – so spitzt TILLY seine These zu – „den wachsenden ‚Interventionismus' öffentlicher Institutionen im Wirtschaftsprozess des Kaiserreichs" weniger als eine Antwort auf „Marktversagen" und auf die Nachfrage nach öffentlichen Gütern rubrizieren, „sondern als Redistributionsprogramm, das mit Verteilungs- und Gerechtigkeitssorgen und schließlich auch mit Stabilisierungshoffnungen der Oberschichten zu tun hatte" [82: Kommunalfinanzen und -investitionen, 158; 81: DERS., Investitionen der Gemeinden; vgl. auch: 74: KÖSTER, Entwicklung kommunaler Finanzsysteme].

Kommunen bewirken Distribution von oben nach unten

In der Tat sollten die Einkommensverteilungswirkungen der Sozialpolitik im Kaiserreich – trotz der geringen Umverteilung von unten nach oben durch das zentralstaatlich induzierte Sozialversicherungssystem – nicht unterschätzt werden, wurden nach S. ANDIC und J. VEVERKA im Jahr 1913 doch 45,5 Prozent aller Sozialausgaben des Staates durch die Kommunen getätigt [40: Growth of Government Expenditure, 270].

Auch H.-U. WEHLER würdigt in seiner „Deutschen Gesellschaftsgeschichte" eingehend die Erfolgsbilanz der Städte. Als integralen Bestandteil des aufsteigenden Interventionsstaates, gar als seine bürgerlich-liberale Spielart, interpretiert Wehler den Aufstieg der modernen kommunalen Leistungsverwaltung mit dem Ziel der „Daseinsvorsorge" aber offenbar nicht. Zweifellos hätten die Kommunen aber „einen weit gefächerten stadtbürokratischen Interventionismus" entwickelt, „dessen Wegweisern der Interventionsstaat folgen konnte" [36: Deutsche Gesellschaftsgeschichte, Bd. 3, 533]. Für WEHLER hat der entstehende, in vorkapitalistischen Traditionen und Mentalitäten wurzelnde, Interventionsstaat „im autoritären System des Kaiserreichs seine unverwechselbar konservativ-antiliberalen Züge" gewonnen [Ebd., 937]. Dieser Interventionsstaat sei keineswegs – wie L. GALL betonte [197: Zu Ausbildung und Charakter des Interventionsstaats, 15] – bereits im Kaiserreich im Prinzip von unterschiedlichen politischen Kräften instrumentalisierbar gewesen. Er habe vielmehr immer die Herrschaftsinteressen des „konservativen Machtkartells" abgesichert und indirekt vorgegebene autoritäre Strukturen in Gesellschaft und Wirtschaft verstärkt, wenn er auch „den vitalen Interessen großer Wirtschaftsblöcke Rechnung zu tragen" und „durch die Wohlstandeffekte eines regulierten Wachstums die Massenloyalität zu erhalten" suchte [36: WEHLER, Deutsche Gesellschaftsgeschichte, Bd. 3, 937]. WEHLER hebt mithin

Bürgerlich-liberale Spielart des Interventionsstaats?

WEHLER: Interventionsstaat im Kaiserreich nicht politisch offen

eine spezifische Janusköpfigkeit des entstehenden Interventionsstaates im Kaiserreich hervor. Er habe keineswegs direkt in Richtung auf den demokratischen Interventions- und Wohlfahrtsstaat gewiesen. Obwohl WEHLER ihn – in Übereinstimmung mit dem Urteil von W. ABELS-HAUSER [172: Markt und Staat; 170: Wirtschaftliche Wechsellagen; 168: The First Post-Liberal Nation] – als ein Instrument offensiver wirtschaftlicher Dynamik und moderner Konfliktregelungsstrategien bewertet, ist er für ihn doch ein sozialkonservativer, gleichsam patriarchalischer Interventionsstaat. Dabei leugnet WEHLER keineswegs die säkulare, über eine spezifische Herrschaftskonstellation hinausweisende Prozesshaftigkeit einer zunehmenden Staatsintervention, sondern betont die System- und Sachzwänge der schwindenden Selbstregulationsfähigkeit einer sich entfaltenden industriellen Massengesell-

schaft. Diese Sachzwänge, die unabhängig von den Intentionen der historischen Akteure, durch das Einlassen auf staatliches Eingreifen noch beschleunigt werden können, hat etwa G. A. RITTER am Beispiel der auf die Arbeiterschaft zielenden Sozialgesetzgebung der 1880er Jahre exemplifiziert: Losgelöst von den ursprünglich patriarchalischen Motiven Bismarcks entwickelte sich rasch eine Eigendynamik, die staatliche Folgeintervention nach sich zog [222: Sozialstaat; 221: Der Übergang zum Interventions- und Wohlfahrtsstaat].

Gerade in der – bis auf wenige Interventionsfelder – fehlenden Analyse des Spannungsverhältnisses von Sachzwang und Eigendynamik einerseits und politischen Intentionen andererseits, von Modernität und Traditionsbindung, von Altem und Neuem diagnostiziert L. GALL

ein gewichtiges Forschungsdefizit im Hinblick auf das Entstehen des Interventionsstaates im Kaiserreich. Nicht zuletzt deshalb, weil er einen engen Zusammenhang zwischen dem „politisch-sozialen Systemkonflikt" um die „historische Besetzung" eines im Prinzip politisch polyvalenten Interventionsstaates und seiner vergleichsweise frühen und umfassenden Ausbildung in Deutschland sieht. Folgt man der Sichtweise von GALL, so war es nicht nur die Tradition des absolutistischen Wohlfahrts- und Polizeistaates und nicht nur die etwa von E. SCHREMMER betonte Konkurrenz des föderativen Systems administrativer Zuständigkeiten [290: Föderativer Staatsverbund, 23 f.], sondern es waren auch die anhaltenden Konflikte zwischen Konservativen, Liberalen, Katholiken und der sich organisierenden sozialdemokratischen Arbeiterbewegung um die politisch-soziale Prägung, die die

Ausbildung eines intervenierenden Staates nachhaltig förderten. Das unterscheidet Deutschland von den USA und England, wo diese Auseinandersetzung nach GALL weniger scharf und später ausgefochten wurde. [197: Zu Ausbildung und Charakter; zur Rolle des politischen Katholizismus: 211: Loth, Katholiken im Kaiserreich; zum Einfluss- und Kontrollgewinn des Reichstags und dessen Grenzen neuerdings überzeugend: 228: Schönberger, Die überholte Parlamentarisierung].

Unabhängig davon, aus welchen Ursachen und Wurzeln man die vergleichsweise frühe Ausbildung verstärkten staatlichen Eingreifens herleitet, bietet die Forschung keine einschlägigen Studien zu politischen Motiven oder Rivalitäten in ihrem Spannungsverhältnis zu den Sachzwängen und der Eigendynamik staatlichen Eingreifens. Es fehlt an historischen Studien mit dem Zuschnitt moderner Entscheidungsprozessanalysen, die den gesamten Bereich der Gesellschaft berücksichtigen, d. h. alle Faktoren, die politisches Handeln herausfordern, ermöglichen, aber auch einschränken. Es mangelt immer noch an einer modernen Politikgeschichte, die das Erklärungspotenzial wirtschafts- und sozialgeschichtlicher Zugänge – hier sei noch einmal besonders auf die anregenden Studien von W. Abelshauser hingewiesen – sinnvoll ergänzen oder ggf. relativieren könnte. Wir wissen außerdem zu wenig über das volkswirtschaftliche Problembewusstsein und den handlungsleitenden Erfahrungshorizont der Akteure in den Ministerien, Parlamenten und Unternehmen nicht nur in Preußen, sondern auch in den Bundesstaaten südlich der Mainlinie. Wie eine solche Forschung angelegt sein könnte, zeigt die Studie von E. D. Brose [109: Politics of Technological Change] über die intellektuelle Prägung und die ökonomischen Zukunftsvisionen der führenden Beamten in der preußischen Administration zwischen 1810 und 1848. Seitdem ist über diese Gruppe von Entscheidungsträgern unser Kenntnisstand für die erste Hälfte des 19. Jahrhunderts eher besser als für die zweite Jahrhunderthälfte. Außerdem gibt es für das Kaiserreich keine, den Ansprüchen einer wirtschafts- und sozialgeschichtlich eingebetteten, modernen „Intellectual History" genügende Ideengeschichte des interventionistischen Denkens. Zwar ist die Orientierung der „Jüngeren Historischen Schule der Nationalökonomie" bzw. der sog. Kathedersozialisten auf neue und erweiterte Felder staatlichen Eingreifens bekannt, ihr Einfluss auf Ausbildung und Denken gesellschaftlicher Entscheidungsträger ist aber – sieht man einmal von einigen Hinweisen in den älteren Studien von K. Barkin [182: The Controversy] und M.-L. Plessen [218: Die Wirksamkeit des Vereins für Socialpolitik] ab – weitgehend unerforscht.

Forschungsstand: Mangel an Entscheidungsprozessanalysen

Keine moderne Ideengeschichte des interventionistischen Denkens

2.4 „*Agrarstaat*" versus „*Industriestaat*" – *Ansätze zur Entschlüsselung einer gesellschaftlichen Debatte*

In der vor mehr als dreißig Jahren von K. D. BARKIN erstmals im Zusammenhang historiographisch thematisierten Debatte um den Übergang vom Agrarstaat zum Industriestaat [182: The Controversy], die in den 1890er Jahren einen ersten Höhepunkt erreichte und noch nach der Heraufsetzung der Agrarzölle 1902 weiter anhielt, ging es um das Entwicklungsniveau und die Entwicklungsperspektiven des Deutschen Reiches, vor allem auch um die zukünftige Rolle und Bedeutung des Agrarsektors und der agrarischen Eliten [230: STEINKÜHLER, Agrar-

Debatte über:
– Rolle des Agrar-
sektors
– Rolle des Staates

oder Industriestaat]. Folgt man neueren Interpretationsangeboten, so ging es gleichermaßen um die Rolle des Staates in den Prozessen der Industrialisierung und Globalisierung. „Der Staat sollte sich nicht, wie in England, aus der vorderen Linie der Industriepolitik zurückziehen, sondern durch aktives Handeln garantieren, dass die befürchteten Konsequenzen einer hemmungslosen Industrialisierung vermieden werden konnten" [170: ABELSHAUSER, Wirtschaftliche Wechsellagen, 207]. Für G. AMBROSIUS stand das Agrarstaats-Modell, das auf eine gebremste Industrialisierung hinauslief – nicht wenige seiner Verfechter waren von der kulturkritischen Stimmung des Fin de siècle beeinflusst – „für die wirtschaftliche Unabhängigkeit in einer immer enger verflochtenen Weltwirtschaft, … für die Bewahrung traditioneller kultureller Normen und Werte und für die Sicherung der militärischen und politischen Stärke des Deutschen Reiches – es stand für den Nationalstaat" [176: Agrarstaat oder Industriestaat, 52]. Auch W. ABELSHAUSER hat jüngst die Ansicht vertreten, dass es der Debatte „in ihrem Kern vor allem um die Tragfähigkeit einer weltmarktorientierten Strategie oder – in heuti-

– Chancen und
Gefahren der
Globalisierung

ger Terminologie – um die Chancen und Gefahren der ‚Globalisierung' von Märkten" gegangen sei [171: Umbruch und Persistenz, 515].

Die schon in den 1880er Jahren schwelende Kontroverse, ob das Deutsche Reich ein Agrarland mit starker industrieller Basis oder ein Industrieland mit ausgeprägter Landwirtschaft sein sollte, bekam neue Nahrung, als 1896 die Ergebnisse umfangreicher statistischer Erhebungen veröffentlicht wurden. Viele Zeitgenossen nahmen mit Überraschung zur Kenntnis, dass nur noch 37,5 Prozent der Beschäftigten in der Landwirtschaft tätig waren, aber bereits 36,3 Prozent in der Industrie und 25,3 Prozent im Dienstleistungsbereich. Seit 1882 war die Zahl der Erwerbspersonen in Industrie, Gewerbe und Dienstleistungen um mehr als 30 Prozent gestiegen, in der Landwirtschaft jedoch kaum noch. Diese Zahlen und andere Kennziffern machten eigentlich unmissverständlich deutlich, dass die industriekapitalistische Produktion längst zum ökonomischen Gravitationszentrum des Landes geworden war und sich die neue Wirtschaftsverfassung in den 1880er Jahren auch strukturdominant durchgesetzt hatte. H.-U. WEHLER diagnostiziert daher „die gesamte Kontroverse über ‚Agrarstaat' contra ‚Industriestaat' als eigentümlich verspätetes Scheingefecht, nachdem die wahren Entscheidungen schon längst gefallen waren". Zugleich hält er es für viel zu kurz gegriffen, den Anlass der Kontroverse in den industriefreundlichen Caprivischen Handelsverträgen von 1891/93 zu erblicken, obwohl das „ostelbische Machtkartell" schließlich Caprivis Sturz als Reichskanzler auslöste. „Im Grunde stand für die ‚Agrarier' nicht das rein ökonomische Übergewicht der Land- oder Industriewirtschaft im Vordergrund. Das tat vielmehr das Plädoyer für die soziopolitische Vorherrschaft des traditionalen Führungssektors und seiner machtgewohnten Herrschaftselite – damit aber für einen ihren Zielvorstellungen entsprechenden Charakter der Politik und der Gesellschaft des Kaiserreichs" [36: Deutsche Gesellschaftsgeschichte Bd. 3, 619 f.].

Auch für H. HARNISCH liegt die eigentliche Relevanz der Debatte, die er als „intellektuell unbedeutend und sachlich unergiebig" bewertet, „in der Öffentlichkeitswirksamkeit für die Interessen der Landwirtschaft, insbesondere der Großgrundbesitzer". Zwar sei der 1893 gegründete „Bund der Landwirte" in seiner Öffentlichkeitsarbeit sehr innovativ gewesen. Zu deutlich habe ihm aber „der Stallgeruch einer Interessenvertretung" angehaftet. In den Kreisen außerhalb der Landwirtschaft habe seine Agitation daher nicht viel Raum gewinnen können. „Aber die öffentlich geführte Debatte innerhalb der ehrfürchtig bewunderten geistigen Elite der Nation erreichte breitere Schichten des sonst an den Dingen der Landwirtschaft wenig interessierten Bürgertums" [200: Agrarstaat oder Industriestaat, 49]. Nach dem Urteil von HARNISCH bereitete die Debatte den Boden im bürgerlichen Lager für eine breite Zustimmung zu den erhöhten Agrarschutzzöllen nach 1902. Die eigentlichen Nutznießer dieser „ideologieträchtigen Unterstützung der Landwirtschaft" seien die Großgrundbesitzer Ostelbiens gewesen, denn vor allem sie hätten ohne höhere Schutzzölle nicht weiter wirtschaften können wie bisher. Freilich konzediert HARNISCH, dass auch viele klein- und mittelbäuerliche Betriebe ohne Schutzzoll in Schwierigkeiten gekommen wären und sich kaum ein bis zwei Millionen Bauern auf Veredlungswirtschaft hätten umstellen können. Daher sei „unter den konkret gegebenen volkswirtschaftlichen Gesamtbedingungen dieser Jahrzehnte ein gewisser Zollschutz für die Landwirtschaft doch wohl sinnvoll oder sogar unvermeidlich" gewesen [Ebd., 46]. Im End-

WEHLER: „eigentümlich verspätetes Scheingefecht"

Agrarische Elite will nur Vorherrschaft legitimieren

HARNISCH: Bürgertum soll für Agrarzölle gewonnen werden

effekt habe aber das Ausgreifen der Debatte ins Bürgertum nicht zuletzt
die Argumentation, dass man zur Sicherung der Nahrungsmittelversor-
gung in Krieg und Frieden eine bedeutende Agrarwirtschaft brauche,
vornehmlich die „ökonomische Unterlage der östlichen Junker" stabili-
siert.

In der Tat fand über die engere Interessenpolitik hinaus der rasch
fortschreitende Wandel der Wirtschaftsstruktur insbesonders im Bil-
dungsbürgertum und unter Wissenschaftlern große Aufmerksamkeit.
„In der ‚Gelehrtenpolitik' des späten 19. Jahrhunderts nahm die ‚Indus-
triestaatsdebatte' eine herausragende Rolle ein" [170: ABELSHAUSER,

Industriestaatsbefür-
worter: Chance für
Weltpolitik und
Demokratisierung

Wirtschaftliche Wechsellagen, 208]. Während liberale Professoren wie
Lujo Brentano oder Max Weber die zügig fortschreitende Industrieentwicklung als mächtigen Basisprozess begrüßten und darin die Grundlage einer deutschen Macht- und Weltpolitik sowie die Chance zur Demokratisierung zu erkennen glaubten, verlangten konservative „Industriestaatsgegner" eine vorausschauende staatliche Strukturpolitik, um
das Industrialisierungstempo zu verlangsamen und einen großen Agrar-

Industriestaats-
gegner: Internatio-
nalisierungsfalle

sektor zu erhalten. Damals renommierte Wissenschaftler wie Adolph
Wagner, Karl Oldenberg oder Max Sering, aber auch bekannte Politiker
und Redakteure sahen in der globalen Arbeitsteilung, die sich in den
vergangenen Jahrzehnten herausgebildet hatte, nur eine Übergangsperi-
ode der Wirtschaftsgeschichte. Sie werde dann zu Ende gehen, wenn
sich die Agrarprodukte exportierenden Länder selber industrialisierten.
„Einem Land wie Deutschland, das auf Industrieexporte und Agrarex-
porte angewiesen sei, drohe also bei weiterer Expansion der Industrie
und Reduktion der Landwirtschaft nichts anderes als eine ‚Internatio-
nalisierungsfalle': Es würde von den sich neu industrialisierenden Ländern mit noch exportfähiger Landwirtschaft abhängig sein" [176: AM-
BROSIUS, Agrarstaat oder Industriestaat, 51 f.]. K. OLDENBERG erschien
der forcierte Export von Industriewaren als prekär, der Export von
Maschinen gar als „Totengräberarbeit" [216: OLDENBERG, Deutschland,
5, 33]. A. WAGNER fürchtete darüber hinaus die Konkurrenz des „vater-
landslosen Kapitals", das in seiner Profitgier Kapitalexport und den
Aufbau von Fabriken in noch rückständigen Ländern betreiben werde.
Es war nachgerade ein Appell an die planerische Kompetenz des Staates, wenn OLDENBERG 1897 in seinem bekanntesten Debattenbeitrag
das Kapital als „viel zu atemlos, viel zu kurzatmig, um weiterzudenken
als bis übermorgen", charakterisierte. Es fehle ihm „die wirtschaftliche
Voraussicht, die Sorge für die Zukunft" [216: Deutschland, 8].

Die zahlreichen Stimmen der „Industriestaatsgegner" aus Wissenschaft und Politik im Schulterschluss mit handfestem agrarischen Lob-

byismus dominierten letztlich die zeitgenössische Debatte. Die „Industriestaatsgegner" hatten zwar nicht die besseren Argumente als Brentano oder Max Weber, sie repräsentierten aber offenbar eher den „Zeitgeist" an der Wende zum 20. Jahrhundert. Unter dem Aspekt einer Beurteilung der mittelfristigen gesellschaftlichen Funktion dieser Debatte ist W. ABELSHAUSER zuzustimmen, der in deutlichem Unterschied zu den Interpretationen von WEHLER oder HARNISCH betont hat, dass sie der staatlichen Wirtschaftspolitik die Legitimität verlieh, „den Prozess der Industrialisierung aktiv zu begleiten und die Interessen der Gesamtgesellschaft gegenüber denen des Industriebürgertums zu wahren". Obwohl dabei der agrarische Bevölkerungsteil und ganz besonders der Großgrundbesitz fraglos begünstigt wurden, habe das Ergebnis des nun auch von einer breiten Öffentlichkeit akzeptierten „staatlichen Moderationsanspruchs" eher „den Anforderungen der neuen Zeit als den Mustern der Vergangenheit" entsprochen. [170: Wirtschaftliche Wechsellagen, 209].

ABELSHAUSER: Debatte legitimiert staatlichen Moderationsanspruch

    Die „Industriestaatsdebatte" sei bisher zu sehr unter dem Aspekt ihres politisch mobilisierenden und gesellschaftlich polarisierenden Einflusses auf die Interessenpolitik des Kaiserreichs gesehen worden, doch mache sie „bei näherem Hinsehen auch jene Grundströmungen sichtbar, die ihn ihrem Vorfeld den institutionellen Umbruch von liberalen Konventionen – industrieller wie agrarischer Provenienz – zum neuen Kurs der korporativen Marktwirtschaft bewirkt haben" [171: Umbruch und Persistenz, 515 f.].

2.5 Staat und Wirtschaft zwischen Globalisierung und nationaler Fragmentierung

Die Forschung hat erst unlängst begonnen, die Epoche des Kaiserreichs dezidiert unter der Perspektive der seit Mitte des 19. Jahrhunderts rasch fortschreitenden Globalisierung der Wirtschaft und ihr entgegenwirkender Kräfte zu betrachten. Zwar hat die Wirtschaftshistoriographie stets besonders hervorgehoben, dass der Aufstieg Deutschlands zum Industriestaat mit einem Aufstieg zu einer bedeutenden Exportnation verbunden war und die Verflechtung mit der Weltwirtschaft wuchs. Schließlich hatte das Kaiserreich 1913 mit einem Anteil von 12,3 Prozent am Welthandel Großbritannien (14,2 Prozent) fast eingeholt und lag noch deutlich vor den USA (11 Prozent). Das tatsächliche oder auch nur scheinbare Paradoxon der Wirtschaftsentwicklung zwischen den späten 1870er Jahren und dem Ersten Weltkrieg, die im historischen Vergleich sehr große „Offenheit" der Volkswirtschaften einerseits und

Deutschland wird bedeutende Exportnation

Globalisierung
und Tendenzen zur
Desintegration

Einerseits: große
„Offenheit" der
Volkswirtschaften

Pax Britannica durch
Protektionismus
nicht substanziell
gefährdet

Goldstandard schafft
internationale Ver-
trauensbasis

der Trend zum Protektionismus, zur „Nationalisierung" von Waren, Kapital, ja sogar Arbeit andererseits, ist von der deutschen Geschichtswissenschaft dagegen bisher kaum thematisiert worden. Erst der kräftige Globalisierungsschub seit den 1980er Jahren hat das Interesse v. a. anglo-amerikanischer Wissenschaftler auf dieses Phänomen der gleichzeitigen Integration und Desintegration der Weltwirtschaft jener Epoche gelenkt [257: CLARK, Globalization and Fragmentation; 282: PANIC, National Management; 270: JAMES, End of Globalization].

J. A. FOREMAN-PECK hat vor geraumer Zeit bereits nachdrücklich darauf hingewiesen, dass die Weltwirtschaft bis 1914 überaus offen für die Bewegung von Gütern, Kapital und Menschen (Immigration) war und in allen entwickelten europäischen Ländern z. B. der Anteil des Handels am Bruttosozialprodukt 1913 eine Größenordnung gewonnen hatte, die erst in den 1960/70er Jahren wieder erreicht wurde. Die Märkte waren mithin zumindest so frei wie jene, die unter den liberalen Auspizien des „Internationalen Währungsfonds" und des „General Agreement on Trade and Tariffs" (GATT) nach 1945 geschaffen wurden [21: History of World Economy, 116 f.], im Hinblick auf die Arbeitsmärkte sogar freier als in der zweiten Hälfte des 20. Jahrhunderts. Unter den Bedingungen des macht- und handelspolitischen Gewichts Großbritanniens (Pax Britannica) und dessen Festhalten an einer Orientierung am Freihandel gefährdete der (zumeist mäßige) Protektionismus vieler Industriestaaten den Welthandel nicht substanziell, obwohl das Wachstum des Handels mit Industrieerzeugnissen hinter dem Wachstum der weltweiten Industrieproduktion deutlich zurückblieb [282: PANIC, National Management, 163 f.]. Der Abschluss internationaler Verträge und Konventionen, v. a. aber die Übernahme des Goldstandards in vielen Ländern, im Anschluss an die Entscheidung des Deutschen Reiches für diesen, schuf eine internationale Vertrauensbasis auch für Kapitalströme und Auslandsinvestitionen – „a seal of approval for good housekeeping" [270: JAMES, End of Globalization, 18] –, weil der Goldstandard die Möglichkeiten autonomer Geldschöpfung und fiskalischer Verantwortungslosigkeit der Staaten wirkungsvoll begrenzte. Aus der Rückschau erschien daher nicht wenigen Zeitgenossen in der Zwischenkriegszeit die Welt vor 1914 als die eines weitgehend liberal geprägten Weltmarktsystems [283: PETZINA, Isolation und Öffnung, 95].

Andere Befunde beschädigen jedoch dieses Bild eines frühen „Goldenen Zeitalters" des Welthandels und der Weltfinanzen, ohne es freilich zerstören zu können. Ein Bild, das auch in die neuere sozialwissenschaftliche Literatur zur Globalisierung und ihrer Vorgeschichte Eingang gefunden hat. H. JAMES verweist nicht nur auf die zunehmende Virulenz des Protektionismus an der Wende zum 20. Jahrhundert, sondern auch darauf, dass Handelsgüter jenseits der staatlichen Zollgesetzgebung zunehmend in nationalen Kategorien gesehen und bewertet wurden. Der Merchandise Marks Act von 1887, der einen Stempel des Herkunftslandes auf importierte Waren verlangte – etwa: Made in Germany –, ist ihm ein klares Indiz dafür, dass selbst im freihändlerischen Großbritannien diese Sichtweise Oberhand gewann. Ähnliche Bestimmungen wurden bald von vielen Ländern erlassen. Kampagnen für „Fair trade" in Großbritannien oder gegen britischen „Handelsneid" in Deutschland appellierten an nationalistische Gefühle und verfestigten die öffentliche Wahrnehmung einer alternativlosen Rivalität v. a. zwischen diesen beiden Staaten. Es gab sogar einen klaren Trend zur Nationalisierung der Ware Arbeit. In Australien, den USA und Kanada kam es in den 1890er Jahren zu Massenprotesten und zu ersten gesetzgeberischen Überlegungen gegen die Immigration. Der preußische Staat versuchte die Einwanderung polnischer Arbeitskräfte mit drastischen Maßnahmen zu reduzieren [195: FORBERG, Foreign Labour, 107 f.; 249: BADE, Europa in Bewegung, 214 f.; 179: BADE, „Preußengänger"]. Schließlich war auch die Tendenz zur Nationalisierung von Kapital und Währung unübersehbar. H. JAMES sieht in der Finanzkrise von 1907 eine erste tiefe Krise des Goldstandards, weil die notwendigerweise enge Kooperation zwischen den staatlichen Zentralbanken, v. a. mit der Reichsbank, nicht mehr funktionierte [269: Rambouillet, 30; 270: End of Globalization, 19 f.]. Zunehmend verlangten einflussreiche Stimmen in Wirtschaft und Gesellschaft europäischer Staaten und der USA eine Abkehr vom Goldstandard, der eine Einschränkung nationalstaatlicher Autonomie und eine bedingungslose Flexibilität der Löhne und Preise gebieterisch einforderte [268: HIRST/THOMPSON, Globalization, 8]. „The perspectives of 1907 resembled those of 1929 in many ways: the search for more security, more welfare state in Europe and the United States, and more of a defense against predatory capital" [270: JAMES, End of Globalization, 14 ff., hier 20]. Auch M. PANIC sieht den Goldstandard vor 1914 bereits erheblichen Belastungen ausgesetzt, die seine Fortexistenz schon auf mittlere Frist so massiv gefährdeten, dass es keines Ersten Weltkriegs zu seiner Auflösung bedurft hätte [282: National Management, 181 f.]. In gleicher Weise resümiert I. CLARK die Situation seit der Wende zum 20. Jahrhundert: „The need for domestic accomodations reduced the scope for international concessions" [257: Globalization and Fragmentation, 51].

Folgt man CLARK, aber auch R. ROBERTSON [287: Globalization: Social Theory] so bargen die skizzierten Entwicklungen der Rahmen-

Andererseits: zunehmende Virulenz des Protektionismus

„Nationalisierung" von Waren

Trend zur „Nationalisierung" der Arbeit

1907 erste Krise des Goldstandards

Tendenz zur Stärkung nationaler Handlungsspielräume

bedingungen von Weltwirtschaft keinen Widerspruch in sich, keine ge-
genläufigen Tendenzen, sondern waren einfach zwei Facetten desselben Prozesses:, „It were precisely the globalizing tendencies of the
period that evoked a defensive consolidation: the state became more
generally established, and more effective in its domestic organization,
for no other reason than the systemic pressures emanating from the
globalization that was taking place" [257: CLARK, Globalization and

Nationalstaaten wer-
den Strukturele-
mente des Globali-
sierungsprozesses

Fragmentation, 35]. Indem die Staaten, in zunehmenden Maße in der
Form von Nationalstaaten, auf die Herausforderungen, Zumutungen
und Chancen der wirtschaftlichen Globalisierung reagierten, wurden
sie zu Strukturelementen des Globalisierungsprozesses, ohne diesen
Prozess mit Notwendigkeit oder abrupt zum Stillstand zu bringen. Freilich wuchsen die Friktionen zwischen der autonomen Gestaltungs-
sphäre der Staaten und den supranationalen, universalen Institutionen

Nationen konkurrie-
ren miteinander

des Zeitalters der Pax Britannica. Vorerst entstand aber eine Weltwirtschaft, „in der nicht nur einzelne Individuen, sondern Nationen und ihre
politisch-administrativen Systeme miteinander konkurrierten" [248:
AMBROSIUS, Staat und Wirtschaftsordnung, 146.].

Das Verhältnis von Staat und Wirtschaft änderte sich in Deutschland – aber nicht nur dort – in der zweiten Hälfte des 19. Jahrhunderts,
v. a. seit den späten 1870er Jahren, insofern grundlegend, als sich eine

Nationalisierung des
Ökonomischen

Nationalisierung des Ökonomischen und vice versa eine Ökonomisierung des Nationalen vollends durchsetzte. Im Kaiserreich kam es freilich zu einer besonders folgenschweren Identifikation von nationalem
ökonomischen Erfolg und nationalem Machtanspruch. Zwar sind die
Gründe für Nationalbewusstsein, Nationalismus und Radikalisierung
des Nationalismus vielfältig, die Phase des Nationalismus, in die
Deutschland um die Jahrhundertwende eintrat und „die im imperialen
Nationalstaat ihren Ausdruck fand" [248: AMBROSIUS, ebd.] war zu-

Ökonomisierung des
Nationalen

tiefst von der Konkurrenz der Nationen auf dem Weltmarkt beeinflusst.
„Nach außen gewendet mündete der Reichsnationalismus in den Imperialismus" [236: ULLMANN, Politik im Deutschen Kaiserreich, 32].

Neuer Imperialismus
Ausdruck globaler
Konkurrenz

Zahlreiche deutsche und ausländische Historiker sehen das Wett-
rennen um Kolonien und den (neuen) Imperialismus seit den 1880er
Jahren – wenn sie auch auf dem älteren historischen Prozess der „europäischen Expansion" beruhten – als Konsequenz und Ausdruck der globalen Konkurrenzsituation. Für E. HOBSBAWM ist der „neue Imperialismus das natürliche Abfallprodukt einer internationalen Wirtschaft, die
sich auf eine – durch die Rezession der 80er Jahre noch verschärfte –
Rivalität mehrerer konkurrierender Industriewirtschaften gründete".
Ein „überzeugenderer allgemeiner Beweggrund für die koloniale Ex-

pansion" als Gründe des Prestiges oder strategische Motive war seinem Urteil nach „die Suche nach neuen Märkten". Die Tatsache, dass entsprechende Hoffnungen häufig enttäuscht wurden, spiele für die zeitgenössische Wertigkeit der Motive keine Rolle. Aufgrund des Verschwimmens der Grenze zwischen Staat (Nation) und Wirtschaft ließe sich freilich das wirtschaftliche Motiv zum Erwerb eines kolonialen Territoriums in einer ganzen Reihe von Fällen nur schwer von den politischen Motiven trennen [205: Das imperiale Zeitalter, 91 f.].

Suche nach neuen Märkten

M. FRÖHLICH zieht für das Deutsche Kaiserreich in seinem Bericht zum Stand der Forschung (1994) das Resümee, dass die Forderung nach Kolonien zwar dem zeitgenössischen nationalen Bewusstsein und Selbstverständnis entsprang und fester Bestandteil machtpolitischer Überlegungen war, die wirtschaftlichen Erwägungen aber eine erhebliche Rolle spielten. Freilich komme die historische Forschung zu dem einhelligen Ergebnis, dass die wirtschaftliche Bilanz der deutschen Kolonialzeit von 1884 bis 1914 negativ [vgl. etwa 224: SCHINZINGER, Kolonien; 198: GRÜNDER, Kolonien, 238 f.] und eher eine „Privatisierung der Gewinne" bei einer „Sozialisierung der Verluste" [178: Bade, Kolonialexpansion, 38] zu beobachten war. „Letztlich aber, und dies ist und bleibt entscheidend, bestimmte die Perzeption der Realität und nicht die Wirklichkeit selbst das Denken und Handeln der Zeitgenossen. Und diese waren in ihren Vorstellungen von der Aussicht auf wirtschaftlichen Profit geprägt" [196: FRÖHLICH, Imperialismus, 191].

Wirtschaftliche Bilanz deutscher Kolonien negativ

H.-U. WEHLER, der ähnlich wie HOBSBAWM im wirtschaftlichen Wettbewerb aller okzidentalen Industrieländer die Grundvoraussetzung des neuen Imperialismus sieht, betont die Langfristigkeit der Profitabilitätserwartungen nicht nur bei Bismarck, der den aktuellen Wert der in den 1880er Jahren erworbenen Kolonien eher skeptisch beurteilte. Es ging um das Abstecken von „claims" und auch die hanseatischen Handelshäuser, die mit ihren Unternehmungen ihre Interessensphären in Afrika und später Asien auszudehnen suchten, betrachteten diese Expansion eher als einen Wechsel auf die Zukunft. Ohne energische Staatshilfe erschien es freilich illusorisch, erfolgreich bestehen zu können. Die generelle Bereitschaft des Staates zu protektionistischen Maßnahmen und die vielfältigen Unterstützungen der deutschen Exportwirtschaft seit den 1880er Jahren – Direktsubventionen für den Bau von Hochseedampfern, Förderung von überseeischen Konsulaten und Bankfilialen, Gründung von „Exportmuseen" und das Abschließen vorteilhafter Handelsverträge – hätten eine hohe Erwartungshaltung auf staatliches Eingreifen erzeugt. Neben der Wirtschaftsförderung hat für WEHLER mehr noch ein sozialimperialistisches Kalkül „in dieser Zeit

Staatliche Unterstützung vergrößert Erwartungshaltung

WEHLER: Sozialimperialistisches Kalkül

kontinuierlich das Bewegungszentrum der deutschen Expansionspolitik gebildet" [36: Deutsche Gesellschaftsgeschichte Bd. 3, 983 ff., hier 988]; eine Strategie der politischen und wirtschaftlichen Eliten, „die Dynamik der Wirtschaft und der sozialen und politischen Emanzipationskräfte in die äußere Expansion zu leiten, von den inneren Mängeln des sozialökonomischen und politischen Systems abzulenken und durch reale Erfolge seiner Expansion oder zumindest die Steigerung des nationalideologischen Prestiges zu kompensieren" [240: Sozialimperialismus, 86].

Staat oder Wirtschaft treibende Kraft?   War aber nun der Staat oder war die Wirtschaft die treibende Kraft der kolonialen Expansion und schließlich des Imperialismus? T. NIPPERDEY konstatiert, dass die wirtschaftlichen Interessenten bei Schwierigkeiten vor Ort oder mit der machtgestützten internationalen Konkurrenz nach der Hilfe des Staates schrieen und öfter auch in der Lage waren, einen gewissen – manchmal sogar öffentlichen – Druck auf die Regierung zu organisieren. „Aber diese Interessen waren doch privat, sozusagen lokal, sie waren uneinheitlich und zersplittert, wiesen politisch nicht in eine Richtung, insofern war ihre Bedeutung insgesamt nur begrenzt" [29: Deutsche Geschichte, Bd. II, 641]. G. SCHÖLLGEN betont darüber hinaus, dass bei den großen Unternehmen und Projekten des „informellen Imperialismus" des Kaiserreichs, der nicht auf die Gründung von Kolonien, sondern auf die Gewinnung politisch-ökonomischer Einflusssphären zielte, es in der Regel die Politiker waren, „welche die eher zögernden Finanzleute zu einem entsprechenden Engagement drängten, zu dem sich diese in vielen Fällen nur bewegen ließen, wenn entsprechende Staatsgarantien bereitgestellt wurden" [226: Das Zeitalter, 48]. Als prominentes Beispiel dafür nennt er den – inzwischen in seiner ökonomischen wie politischen Dimension sehr gut untersuchten [212: MEJCHER, Bagdadbahn; 225: SCHÖLLGEN, Imperialismus; 210: LODEMANN/POHL, Bagdadbahn] – Bau der Bagdadbahn, der Deutschlands Einfluss im Osmanischen Reich, so die

NIPPERDEY/SCHÖLLGEN: Primat der machtpolitischen Interessen   Hoffnung, entscheidend vergrößern sollte. SCHÖLLGEN, aber auch NIPPERDEY kommen letztlich zu dem Urteil, dass die Wirtschaftsinteressen und -interessenten nicht die Politik machten, so sehr sie auch in diese Politik eingingen und sie verstärkten. Für beide ist mithin die „imperialistische Politik des Reiches primär macht- und erst sekundär wirtschaftsorientiert" [29: NIPPERDEY, Deutsche Geschichte Bd. II, 644].

Sicherlich ist es legitim darauf hinzuweisen, dass der Staat im Kaiserreich nicht zur „Beute" partikularer Wirtschaftsinteressen wurde und stark genug war, eine autonome Politik zu formulieren. Aber welchen heuristischen Nutzen hat die Unterscheidung zwischen „machtorientiert" und „wirtschaftsorientiert" für eine Epoche, die politischen Machtanspruch und erfolgreiches Wirtschaftswachstum stillschweigend gleichsetzte? So forderte Reichskanzler Fürst Bülow 1897 im Reichstag für Deutschland „einen Platz an der Sonne". Eine Phrase ohne bestimmten Inhalt, die dennoch Ausgangspunkt einer vom Staat betriebenen „Weltpolitik" werden sollte, die – von einem monströsen Flottenbauprogramm seit 1899 untermauert [190: EPKENHANS, Flottenrüstung] – keinesfalls konkrete ökonomische und machtpolitische Interessen, sondern vage zukünftige Macht- und wirtschaftliche Wachstumschancen verfolgte. Für E. HOBSBAWM brachte diese Phrase eine für die Epoche typischen Grundsatz der Verhältnismäßigkeit zum Ausdruck: „je leistungsfähiger die Wirtschaft eines Landes, je größer seine Bevölkerung, desto höher auch sein internationaler Rang als Nationalstaat" [205: Das imperiale Zeitalter, 399]. Habe Bismarck noch klare Interessen und Ziele des jungen Reiches definieren können, so habe es nun für die Stellung, zu der sich das Deutsche Reich – bei zusehends in die Höhe schnellenden ökonomischen Eckdaten – berechtigt fühlte, „keine theoretischen Grenzen" gegeben. Das machte Deutschland für das internationale Mächtesystem nach dem Urteil HOBSBAWMS so unberechenbar und trug weit mehr zum Ausbruch des Ersten Weltkriegs und damit zum Ende der ersten Globalisierungsphase bei, als die in der älteren Forschung gelegentlich überschätzten konkreten Konflikte der imperialistischen Mächte um bestimmte Rohstoffvorkommen, bestimmte Exportmärkte oder einzelne Einfluss- und Investitionsgebiete.

Unterscheidung „machtorientiert" – „wirtschaftsorientiert" sinnvoll?

Je leistungsfähiger die Wirtschaft um so größer der Machtanspruch

HOBSBAWM: Unklarer Machtanspruch machte Deutschland unberechenbar

III. Quellen und Literatur

Die verwendeten Abkürzungen entsprechen denen der „Historischen Zeitschrift"

A. Gedruckte Quellen

1. G. ADELMANN (Hrsg.), Quellensammlung zur Geschichte der sozialen Betriebsverfassung. Bonn 1965.
2. V. BERGHAHN/W. DEIST (Bearb.), Rüstung im Zeichen der Wilhelminischen Weltpolitik. Grundlegende Dokumente 1890–1914. Düsseldorf 1988.
3. K. E. BORN/H. HENNING/F. TENNSTEDT (Hrsg.), Quellensammlung zur Geschichte der deutschen Sozialpolitik 1867 bis 1914. Bisher: I. Abtlg. (1867–1881), Bd. 1–7 I/II; II. Abtlg. (1881–1890), Bd. 2 I/II-3; IV. Abtlg. (1905–1914), Bd. 1–3/I-III, 4/I-IV. Wiesbaden 1982–2002. Beihefte: Dokumentationen zur Organisationsgeschichte von Arbeitgeber- und Arbeitnehmerorganisation. Wiesbaden 1978–1985.
4. W. CONZE (Hrsg.), Quellen zur Geschichte der deutschen Bauernbefreiung. Göttingen 1957.
5. H. FENSKE (Hrsg.), Quellen zur deutschen Innenpolitik 1890–1914. Darmstadt 1991.
6. J. HANSEN (Hrsg.), Rheinische Briefe und Akten zur Geschichte der politischen Bewegung 1830–1850, 2 Bde.; Bd. 1 Essen 1919/ND Osnabrück 1967; Bd. 2.1 Essen 1942; Bd. 2.2 bearb. von H. Boberach Köln 1976.
7. R. MOLDENHAUER (Bearb.), Die Protokolle des Volkswirtschaftlichen Ausschusses der deutschen Nationalversammlung 1848/49, mit ausgewählten Petitionen. Boppard 1992.
8. W. PÖLS (Hrsg.), Deutsche Sozialgeschichte. Dokumente und Skizzen. Bd. 1: 1815–1870. 2. Aufl. München 1976.
9. H. POSCHINGER (Hrsg.), Aktenstücke zur Wirtschaftspolitik des Fürsten Bismarck. 2 Bde. Berlin 1890/91/ND Frankfurt a. M. 1982.

10. G. A. RITTER/J. KOCKA (Hrsg.), Deutsche Sozialgeschichte. Dokumente und Skizzen. Bd. 2: 1870–1914. 2. durchges. Aufl. München 1977.

11. P. RASSOW/K. E. BORN (Hrsg.), Akten zur staatlichen Sozialpolitik in Deutschland 1890–1914. Wiesbaden 1959.

12. Reichsamt des Inneren (Hrsg.), Die Handelsverträge des Deutschen Reiches. Berlin 1906.

13. G. SCHMOLLER/O. HINTZE (Hrsg.), Die Preußische Seidenindustrie im 18. Jahrhundert und ihre Begründung durch Friedrich den Grossen – Acta Borussica – Denkmäler der Preußischen Staatsverwaltung im 18. Jahrhundert. 3 Bde. Berlin 1892.

14. W. STEITZ (Hrsg.), Quellen zur deutschen Wirtschafts- und Sozialgeschichte im 19. Jahrhundert bis zur Reichsgründung. Darmstadt 1980.

15. W. STEITZ (Hrsg.), Quellen zur deutschen Wirtschafts- und Sozialgeschichte von der Reichsgründung bis zum Ersten Weltkrieg. Darmstadt 1985.

B. Literatur

1. Handbücher, Gesamtdarstellungen und Überblicksdarstellungen zur Wirtschafts- und Sozialgeschichte

16. H. AUBIN/W. ZORN, Handbuch der deutschen Wirtschafts- und Sozialgeschichte. Bd. 2. Stuttgart 1976.

17. K. BORCHARDT, Grundriß der deutschen Wirtschaftsgeschichte. 2. verb. Aufl. Göttingen 1985.

18. K. E. BORN, Wirtschafts- und Sozialgeschichte des Deutschen Kaiserreichs (1867/71–1914). Stuttgart 1985.

19. O. BÜSCH (Hrsg.), Handbuch der preußischen Geschichte, Bd. 2: Das 19. Jahrhundert. Berlin/New York 1992.

20. W. FISCHER u. a. (Hrsg.), Handbuch der europäischen Wirtschafts- und Sozialgeschichte. Bd. 4. Stuttgart 1993, Bd. 5. Stuttgart 1985.

21. J. A. FOREMAN-PECK, A History of the World Economy: International Economic Relations since 1850. 2. Aufl. Brighton 1995.

22. H.-W. HAHN, Die industrielle Revolution in Deutschland. München 1998.

23. F.-W. HENNING, Handbuch der Wirtschafts- und Sozialgeschichte Deutschlands. Bd. 2: Deutsche Wirtschafts- und Sozialgeschichte im 19. Jahrhundert. Paderborn 1996.

24. H. JAEGER, Geschichte der Wirtschaftsordnung in Deutschland. Frankfurt a. M. 1988.

25. H. KIESEWETTER, Industrielle Revolution in Deutschland. Frankfurt a. M. 1989.

26. H. MATIS, Das Industriesystem. Wirtschaftswachstum und sozialer Wandel im 19. Jahrhundert. Wien 1988.

27. T. NIPPERDEY, Deutsche Geschichte 1800–1866. Bürgerwelt und starker Staat. München 1983.

28. T. NIPPERDEY, Deutsche Geschichte 1866–1918. Bd. I: Arbeitswelt und Bürgergeist. München 1990.

29. T. NIPPERDEY, Deutsche Geschichte 1866–1918. Bd. II, Machtstaat vor der Demokratie. München 1992.

30. T. PIERENKEMPER, Umstrittene Revolutionen. Die Industrialisierung im 19. Jahrhundert. Frankfurt a. M. 1996.

31. F. SCHNABEL, Deutsche Geschichte im Neunzehnten Jahrhundert. 3 Bde. Freiburg 1933–1937.

32. R. TILLY, Vom Zollverein zum Industriestaat. Die wirtschaftlich-soziale Entwicklung Deutschlands 1834 bis 1914. München 1990.

33. H. VON TREITSCHKE, Deutsche Geschichte im 19. Jahrhundert. 5 Bde. Leipzig 1879–89.

34. H.-U. WEHLER, Deutsche Gesellschaftsgeschichte. Bd. 1: Vom Feudalismus des „alten Reiches" bis zur „defensiven Modernisierung" der Reformära 1700–1815. München 1987.

35. H.-U. WEHLER, Deutsche Gesellschaftsgeschichte. Bd. 2: Von der Reformära bis zur industriellen und politischen „Deutschen Doppelrevolution" 1815–1845/49. München 1987.

36. H.-U. WEHLER, Deutsche Gesellschaftsgeschichte. Bd. 3: Von der „Deutschen Doppelrevolution" bis zum Beginn des Ersten Weltkrieges 1849–1914. München 1995.

37. D. ZIEGLER, Das Zeitalter der Industrialisierung 1815–1914, in: Deutsche Wirtschaftsgeschichte. Ein Jahrtausend im Überblick. Hrsg. v. M. North. München 2000, 192–281.

2. Staat, Staatsfinanzen, Staatstheorie, Bürokratie

38. G. AMBROSIUS, Zur Geschichte des Begriffs und der Theorie des Staatskapitalismus und des staatsmonopolistischen Kapitalismus. Tübingen 1981.

39. P. ANDERSON, Die Entstehung des absolutistischen Staates. Frankfurt a. M. 1979.

40. S. ANDIC/J. VEVERKA, The Growth of Government Expenditure in Germany since the Unification, in: Finanzarchiv 23 (1963/64) 169–278.

41. G. BONHAM, State Autonomy and Class Domination: Approaches to Administrative Politics in Wilhelmine Germany, in: World Politics 35 (1983) 631–651.

42. G. BONHAM, Ideology and Interests in the German State. New York/London 1991.

43. K. BORCHARD, Staatsverbrauch und öffentliche Investitionen in Deutschland 1780–1850. Diss. Göttingen 1968.

44. J. P. CULLITY, The Growth of Governmental Employment in Germany 1882–1950, in: Zs. für die gesamte Staatswissenschaft 123 (1967) 201–217.

45. T. ELLWEIN, Entwicklungstendenzen der deutschen Verwaltung im 19. Jahrhundert, in: Jb zur Staats- und Verwaltungswissenschaft 1 (1987) 13–54.

46. F. FACIUS, Wirtschaft und Staat. Die Entwicklung der staatlichen Wirtschaftsverwaltung in Deutschland vom 17. Jahrhundert bis 1945. Boppard 1959.

47. W. GERLOFF, Die Finanz- und Zollpolitik des Deutschen Reiches nebst ihren Beziehungen zu Landes- und Gemeindefinanzen von der Gründung des Norddeutschen Bundes bis zur Gegenwart. Jena 1913.

48. D. GRIMM, Recht und Staat der bürgerlichen Gesellschaft. Frankfurt a. M. 1987.

49. D. GRIMM (Hrsg.), Staatsaufgaben. Baden-Baden 1994.

50. P. GREIM-KUCZEWSKI, Die preußische Klassen- und Einkommenssteuer im 19. Jahrhundert. Eine Untersuchung über die Entwicklungsgeschichte der formellen Veranlagungsvorschriften. Köln 1990.

51. M. HALLERBERG, The Political Economy of Taxation in Prussia, 1871–1914, in: JbWG (2002/2) 11–33.

52. O. HINTZE, Beamtentum und Bürokratie. Hrsg. v. K. Krüger. Göttingen 1981.

53. K. G. A. JESERICH u. a. (Hrsg.), Deutsche Verwaltungsgeschichte. Bd. 2 und Bd. 3. Stuttgart 1983/84.

54. J. KETTERLE, Die Einkommensteuer in Deutschland. Modernisierung und Anpassung einer direkten Steuer von 1890/91 bis 1920. Köln 1994.

55. A. KUNZ, The State as Employer in Germany 1880–1918, in: 209, 34–60.

56. N. LEINEWEBER, Das säkulare Wachstum der Staatsausgaben 1815–1985. Göttingen 1988.

57. J. LICHTER, Preußische Notenbankpolitik in der Formationsphase des Zentralbanksystems 1844 bis 1857. Berlin 1999.

58. K. LITTMANN, Definition und Entwicklung der Staatsquote – Abgrenzung, Aussagekraft und Anwendungsbereiche unterschiedlicher Typen von Staatsquoten. Göttingen 1975.

59. N. POULANTZAS, Politische Macht und gesellschaftliche Klassen. 2. Aufl. Frankfurt a. M. 1980.

60. P.-M. PROCHNOW, Staat im Wachstum. Versuch einer finanzwirtschaftlichen Analyse der preußischen Haushaltsrechnungen 1871–1913. Diss. Münster 1977.

61. W. REINHARD, Geschichte der Staatsgewalt. Eine vergleichende Verfassungsgeschichte Europas von den Anfängen bis zur Gegenwart. München 1999.

62. H. ROSENBERG, Bureaucracy, Aristocracy and Autocracy: The Prussian Experience 1660–1815. 3. Aufl. Cambridge/Mass. 1968.

63. E. ROSENHAFT/W. R. LEE, State and Society in Modern Germany-Beamtenstaat, Klassenstaat, Wohlfahrtsstaat, in: 209, 1–33.

64. E. SCHREMMER, Steuern und Staatsfinanzen während der Industrialisierung Europas. England, Frankreich, Preußen und das Deutsche Reich 1800 bis 1914. Berlin/Heidelberg 1994.

65. M. STOLLEIS, Die Entstehung des Interventionsstaates und das öffentliche Recht, in: ZNR 10 (1989) 129–147.

66. T. SÜLE, Preußische Bürokratietradition. Zur Entwicklung von Verwaltung und Beamtenschaft in Preußen. Göttingen 1988.

67. O. WEITZEL, Die Entwicklung der Staatsausgaben in Deutschland. Eine Analyse der öffentlichen Aktivität in ihrer Abhängigkeit vom wirtschaftlichen Wachstum. Diss. Erlangen/Nürnberg 1967.

68. P.-C. WITT, Die Finanzpolitik des Deutschen Reiches von 1903 bis 1913. Lübeck/Hamburg 1970.

69. P.-C. WITT, Finanzpolitik und sozialer Wandel. Wachstum und Funktionswandel der Staatsausgaben in Deutschland 1871–1933, in 298: 565–574.

70. B. WUNDER, Geschichte der Bürokratie in Deutschland. Frankfurt a. M. 1986.

3. Kommunen, kommunale Leistungsverwaltung, „Daseinsvorsorge"

71. H. H. BLOTEVOGEL (Hrsg.), Kommunale Leistungsverwaltung und Stadtentwicklung vom Vormärz bis zur Weimarer Republik. Köln/Wien 1990.

72. J. BOLENZ, Wachstum und Strukturwandlungen der kommunalen Ausgaben in Deutschland 1849–1913. Diss. Freiburg 1965.

73. M. HÜHNER, Kommunalfinanzen, Kommunalunternehmen und Kommunalpolitik im Deutschen Kaiserreich. Münster 1998.

74. T. KÖSTER, Die Entwicklung kommunaler Finanzsysteme am Beispiel Großbritanniens, Frankreichs und Deutschlands 1790–1980. Berlin 1984.

75. W. R. KRABBE, Munizipalsozialismus und Interventionsstaat. Die Ausbreitung der städtischen Leistungsverwaltung im Kaiserreich, in: GWU 30 (1979) 265–283.

76. D. LANGEWIESCHE, „Staat" und „Kommune". Zum Wandel der Staatsaufgaben in Deutschland im 19. Jahrhundert, in: HZ 248 (1989) 621–635.

77. D. PETZINA, Veränderte Staatlichkeit und kommunale Handlungsspielräume – historische Erfahrungen in Deutschland im Bereich der Finanzpolitik, in 49: 233–260.

78. J. REULECKE, Geschichte der Urbanisierung in Deutschland 1850–1980. Frankfurt a. M. 1985.

79. J. REULECKE (Hrsg.), Die Stadt als Dienstleistungszentrum. Beiträge zur Geschichte der „Sozialstadt" im 19. und frühen 20. Jahrhundert. St. Katharinen 1995.

80. R. TILLY, Städtewachstum, Kommunalfinanzen und Munizipalsozialismus in der deutschen Industrialisierung: eine vergleichende Perspektive, in: 79: 125–152.

81. R. TILLY, Investitionen der Gemeinden im deutschen Kaiserreich: ein Überblick, in: Investitionen der Städte im 19. und 20. Jahrhundert. Hrsg. v. K. H. Kaufhold. Köln 1997, 39–59.

82. R. TILLY, Kommunalfinanzen und -investitionen im Deutschen Kaiserreich, 1870–1914: Quantifizierungsansätze, in: Struktur und Dimension. Fs. K. H. Kaufhold. Bd. 2: Neunzehntes und Zwanzigstes Jahrhundert. Stuttgart 1997, 134–166.

4. Handelskammern, Verbände, Kartelle

83. U. ALEMANN/R. G. HEINZE, Verbändepolitik und Verbändeforschung in der Bundesrepublik, in: Verbände und Staat. Hrsg. v. denselben. 2. Aufl. Opladen 1981, 4–30.

84. F. BLAICH, Kartell- und Monopolpolitik im kaiserlichen Deutschland. Das Problem der Marktmacht im deutschen Reichstag zwischen 1879 und 1914. Düsseldorf 1973.

85. F. BLAICH, Staat und Verbände in Deutschland zwischen 1871 und 1945. Wiesbaden 1979.

86. W. FISCHER, Unternehmerschaft, Selbstverwaltung und Staat. Die Handelskammern in der deutschen Wirtschafts- und Staatsverfassung des 19. Jahrhunderts. Berlin 1964.

87. D. GEORGES, 1810/11–1993: Handwerk und Interessenpolitik. Von der Zunft zur modernen Verbandsorganisation. Frankfurt a. M. 1993.

88. H. KAELBLE, Industrielle Interessenpolitik in der Wilhelminischen Gesellschaft. Centralverband Deutscher Industrieller 1895–1914. Berlin 1967.

89. R. LIEFMANN, Kartelle und Trusts und die Weiterbildung der volkswirtschaftlichen Organisation. 5. Aufl. Stuttgart 1922.

90. H. POHL (Hrsg.), Kartelle und Kartellgesetzgebung in Praxis und Rechtsprechung vom 19. Jahrhundert bis zur Gegenwart. Stuttgart 1985.

91. H. POHL (Hrsg.), Zur Politik und Wirksamkeit des Deutschen Industrie- und Handelstages und der Industrie- und Handelskammern 1861 bis 1949. Stuttgart 1987.

92. H.-J. PUHLE, Agrarische Interessenpolitik und preußischer Konservatismus im wilhelminischen Reich (1893–1914). 2. Aufl. Bonn 1975.

93. H.-J. PUHLE, Repräsentation und Organisation: Bürgerliche Parteien und Interessenverbände im wilhelminischen Deutschland, in: Auf dem Weg zum modernen Parteienstaat. Hrsg. v. H. W. v. d. Dunck/H. Lademacher. Melsungen 1986, 74–96.

94. P. C. SCHMITTER, Interessenvermittlung und Regierbarkeit, in 83: 91–114.

95. R. SCHRÖDER, Die Entwicklung des Kartellrechts und des kollektiven Arbeitsrechts durch die Rechtsprechung des Reichsgerichts vor 1914. Ebelsbach 1988.

96. H. G. SCHRÖTER, Kartellierung und Dekartellierung 1890–1990, in: VSWG 81 (1994) 457–493.

97. H.-P. ULLMANN, Der Bund der Industriellen. Organisation, Einfluß und Politik klein- und mittelbetrieblicher Industrieller im Deutschen Kaiserreich 1895–1914. Göttingen 1976.

98. H.-P. ULLMANN, Interessenverbände in Deutschland. Frankfurt a. M. 1988.

5. *Staat und Wirtschaft bis ca. 1850/70*

99. M. BARKHAUSEN, Staatliche Wirtschaftslenkung und freies Unternehmertum im westdeutschen und im nord- und südniederländischen Raum bei der Entstehung der neuzeitlichen Industrie im 18. Jahrhundert, in: VSWG 45 (1958) 168–241.

100. H. BECK, The Origins of the Authoritarian Welfare State in Prussia: Conservatives, Bureaucracy and the Social Question 1815–70. Ann Arbor 1995.

101. H. BEST, Interessenpolitik und nationale Integration 1848/49. Handelspolitische Konflikte im frühindustriellen Deutschland. Göttingen 1980.

102. F. BLAICH, Die Epoche des Merkantilismus. Wiesbaden 1973.

103. H. BLEIBER (Hrsg.), Bourgeoisie und bürgerliche Umwälzung in Deutschland 1789–1871. Berlin 1977.

104. H. BLEIBER, Staat und bürgerliche Umwälzung in Deutschland: Zum Charakter besonders des preußischen Staates in der ersten Hälfte des 19. Jahrhunderts, in: Preußen in der deutschen Geschichte nach 1789. Hrsg. v. G. Seeber/K.-H. Noack. Berlin 1983, 82–115.

105. R. BOCH, Grenzenloses Wachstum? Das rheinische Wirtschaftsbürgertum und seine Industrialisierungsdebatte 1814–1857. Göttingen 1991.

106. R. BOCH, Staat und Industrialisierung im Vormärz: Das Königreich Sachsen (mit Vergleichen zu Preußen), in: Figuren und Strukturen. Fs. H. Zwahr. Hrsg. v. M. Hettling u. a. München 2002, 355–371.

107. O. BORST, Staat und Unternehmer in der Frühzeit der württembergischen Industrie, in: Tradition 11 (1966) 105–126 u. 153–174.

108. J. M. BROPHY, Capitalism, Politics and Railroads in Prussia 1830–1870. Columbus 1998.

109. E. D. BROSE, The Politics of Technological Change in Prussia. Out of the Shadow of Antiquity 1809–1848. Princeton 1993.

110. I. BURKHARDT, Das Verhältnis von Wirtschaft und Verwaltung in Bayern während der Anfänge der Industrialisierung (1834–1868). Berlin 2001.

111. C. DIPPER, Die Bauernbefreiung in Deutschland 1790–1850. Stuttgart/Berlin/Köln/ Mainz 1980.

112. C. DIPPER, Bauernbefreiung, landwirtschaftliche Entwicklung und Industrialisierung, in 151: 63–75.

113. C. DIPPER, Wirtschaftspolitische Grundsatzentscheidungen in Süddeutschland, in 162: 139–161.

114. R. H. DUMKE, Die wirtschaftlichen Folgen des Zollvereins, in: Deutsche Wirtschaftsgeschichte im Industriezeitalter. Konjunktur, Krise, Wachstum. Hrsg. v. W. Abelshauser/D. Petzina. Königstein/Ts. 1981, 241–273.

115. D. EICHHOLTZ, Junker und Bourgeoisie vor 1848 in der preußischen Eisenbahngeschichte. Berlin 1962.

116. G. FISCHER, Wirtschaftliche Strukturen am Vorabend der Industrialisierung. Der Regierungsbezirk Trier. Köln/Wien 1990.

117. W. FISCHER, Der Staat und die Anfänge der Industrialisierung in Baden 1800–1850. Berlin 1962.

118. W. FISCHER, Das Verhältnis von Staat und Wirtschaft in Deutschland am Beginn der Industrialisierung, in: Industrielle Revolution – wirtschaftliche Aspekte. Hrsg. v. R. Braun u. a. Köln 1976, 287–304.

119. W. FISCHER/A. SIMSCH, Industrialisierung in Preußen. Eine staatliche Veranstaltung?, in: Übergänge. Zeitgeschichte zwischen Utopie und Machbarkeit. Fs. H. G. Bütow. Hrsg. v. W. Süß. Berlin 1989, 103–122.

120. R. FORBERGER, Die Industrielle Revolution in Sachsen 1800–1861. 2 Bde. Berlin 1982/Leipzig 1999.

121. H.-W. HAHN, Wirtschaftliche Integration im 19. Jahrhundert. Die hessischen Staaten und der Deutsche Zollverein. Göttingen 1982.

122. H.-W. HAHN, Geschichte des Deutschen Zollvereins. Göttingen 1984.

123. H.-W. HAHN, „Die preußische Art ein Land zu verwalten...". Die Beamten, in: Industriekultur an der Saar. Hrsg. v. R. van Dülmen. München 1989, 122–131.

124. H. HARNISCH, Kapitalistische Agrarreform und Industrielle Revolution. Agrarhistorische Untersuchungen über das ostelbische Preußen zwischen Spätfeudalismus und bürgerlich-demokratischer Revolution von 1848/49 unter besonderer Berücksichtigung der Provinz Brandenburg. Weimar 1984.

125. H. HARNISCH, Die Agrarreform in Preußen und ihr Einfluß auf das Wachstum der Wirtschaft, in 151: 27–40.

126. H. HARNISCH, Wirtschaftspolitische Grundsatzentscheidungen und sozialökonomischer Modernisierungsprozeß in Preußen während der ersten Hälfte des 19. Jahrhunderts, in 162: 163–187.

127. W. O. HENDERSON, The State and the Industrial Revolution in Prussia 1740–1870. Liverpool 1967.

128. W. O. HENDERSON, The Zollverein. 2. Aufl. London 1968.

129. F. HOFFMANN, Gründung und Aufbau der Baumwollspinnerei Hammerstein im Wuppertal (1835–1839), in: Bevölkerung, Wirtschaft, Gesellschaft seit der Industrialisierung. Fs. W. Köllmann. Hrsg. v. D. Petzina und J. Reulecke. Dortmund 1990, 133–159.

130. K. H. KAUFHOLD, Die Auswirkungen der Einschränkungen der Gewerbefreiheit in Preußen durch die Verordnung vom 9. Februar 1849 auf das Handwerk, in: Vom Kleingewerbe zur Großindustrie. Hrsg. v. H. Winkel. Berlin 1975, 165–188.

131. K. H. KAUFHOLD, Leistungen und Grenzen der Staatswirtschaft, in: Preußen. Beiträge zu einer politischen Kultur. Hrsg. v. M. Schlenke. Reinbeck 1981, 106–119.

132. K. H. KAUFHOLD, Deutschland 1650–1850, in 20: Bd. 4, 523–588.

133. K. H. KAUFHOLD, Preußische Staatswirtschaft – Konzept und Realität 1640–1806. Zum Gedenken an Wilhelm Treue, in: JbWG (1994/2) 33–70.

134. H. KIESEWETTER, Staat und Unternehmen während der Frühindustrialisierung. Das Königreich Sachsen als Paradigma, in: ZUG 29 (1984) 1–32.

135. H. KIESEWETTER, Staat und regionale Industrialisierung. Württemberg und Sachsen im 19. Jahrhundert, in 273: 108–132.

136. H. KIESEWETTER, Industrialisierung und Landwirtschaft. Sachsens Stellung im regionalen Industrialisierungsprozeß Deutschlands im 19. Jahrhundert. Köln/Wien 1988.

137. H. KISCH, Preußischer Merkantilismus und der Aufstieg des Krefelder Seidengewerbes: Variationen über ein Thema, in: Die hausindustriellen Gewerbe am Niederrhein vor der industriellen Revolution. Hrsg. v. dems. Göttingen 1981, 66–161.

138. J. KOCKA, Preußischer Staat und Modernisierung im Vormärz: Marxistisch-leninistische Interpretationen und ihre Probleme, in 298: 211- 227.

139. W. KÖNIG, Zwischen Verwaltungsstaat und Industriegesellschaft. Die Gründung höherer technischer Bildungsstätten in Deutschland in den ersten Jahrzehnten des 19. Jahrhunderts, in: Ber. zur Wissenschaftsgeschichte 21 (1998) 115–122.

140. M. KOPSIDIS, Liberale Wirtschaftspolitik im Zeitalter der Industrialisierung, in 293: 34–68.

141. R. KOSELLECK, Preußen zwischen Reform und Revolution. Sonderausgabe Stuttgart 1987.

142. H. KUBITSCHEK, Die Börsenverordnung von 1844 und die Situation im Finanz- und Kreditwesen Preußens in den 40er Jahren des 19. Jahrhunderts, in: JbWG 4 (1962) 57–78.

143. P. LUNDGREEN, Techniker in Preußen während der frühen Industrialisierung. Berlin 1975.

144. W. MAGER, Absolutistische Wirtschaftsförderung (am Beispiel Frankreichs und Brandenburg-Preußens), in: Sozialwissenschaftliche Informationen 3 (1974) 4–8.

145. L. MATSCHOSS, Preußens Gewerbeförderung und ihre großen Männer. Berlin 1922.

146. I. MIECK, Preußische Gewerbepolitik in Berlin 1806–1844. Berlin 1965.

147. J. MOOSER, Preußische Agrarreformen, Bauern und Kapitalismus. Bemerkungen zu Hartmut Harnischs Buch „Kapitalistische Agrarreform und Industrielle Revolution", in: GG 18 (1992) 533–554.

148. T. OHNISHI, Zolltarifpolitik Preußens bis zur Gründung des Deutschen Zollvereins. Ein Beitrag zur Finanz- und Außenhandelspolitik Preußens. Göttingen 1973.

149. A. PAULINY, Die Rolle der preußischen Gewerbeförderung beim Technik-Transfer für den Maschinenbau, in: Wissenschafts- und Technologietransfer zwischen Industrieller und Wissenschaftlichtechnischer Revolution. Hrsg. v. K. P. Meineke u. K. Krug. Stuttgart 1992, 68–82.

150. H. VON PETERSDORF, Friedrich von Motz. Berlin 1913.

151. T. PIERENKEMPER (Hrsg.), Landwirtschaft und industrielle Entwicklung. Zur ökonomischen Bedeutung von Bauernbefreiung, Agrarreform und Agrarrevolution. Wiesbaden 1989.

152. T. PIERENKEMPER, Das Wachstum der oberschlesischen Eisenindustrie bis zur Mitte des 19. Jahrhunderts. Entwicklungsmodell oder Spielwiese der Bürokratie, in: Industriegeschichte Oberschlesiens im 19. Jahrhundert. Hrsg. v. dems. Wiesbaden 1992, 77–106.

153. W. RADTKE, Die preußische Seehandlung zwischen Staat und Wirtschaft in der Frühphase der Industrialisierung. Berlin 1981.

154. U. P. RITTER, Die Rolle des Staates in den Frühstadien der Industrialisierung. Berlin 1961.

155. H. SCHAINBERG, Quellen zur rheinischen Frühindustrialisierung

im Geheimen Staatsarchiv Preußischer Kulturbesitz. Ein Werkstattbericht, in: RVB 58 (1994) 308–317.

156. K.-H. SCHMIDT, Merkantilismus, Kameralismus, Physiokratie, in: Geschichte der Nationalökonomie. Hrsg. v. O. Issing. München 1988, 37–62.

157. P. SCHRADER, Die Geschichte der Königlichen Seehandlung (Preußische Staatsbank). Berlin 1911.

158. H. J. STRAUBE, Die Gewerbeförderung Preußens in der ersten Hälfte des 19. Jahrhunderts. Berlin 1933.

159. R. TILLY, Financial Institutions and Industrialization in the Rhineland (1815–1870). Madison 1966.

160. R. TILLY, Kapital, Staat und sozialer Protest in der deutschen Industrialisierung. Göttingen 1980.

161. R. TILLY, „Perestroika à la Prusse": Preußens liberale Reformen im Lichte des Transformationsparadigmas, in: JbWG (1996/2) 147–160.

162. H.-P. ULLMANN/C. ZIMMERMANN (Hrsg.), Restaurationssystem und Reformpolitik. Süddeutschland und Preußen im Vergleich. München 1996.

163. B. VOGEL, Allgemeine Gewerbefreiheit. Die Reformpolitik des preußischen Staatskanzlers Hardenberg (1810–1820). Göttingen 1983.

164. F.-F. WAUSCHKUHN, Staatliche Gewerbepolitik und frühindustrielles Unternehmertum in Württemberg von 1806 bis 1848, in: Zur Geschichte der Industrialisierung in den südwestdeutschen Städten. Hrsg. v. E. Maschke u. a. Sigmaringen 1977, 14–24.

165. C. WISCHERMANN, Preußischer Staat und westfälische Unternehmer zwischen Spätmerkantilismus und Liberalismus. Köln 1992.

166. F. ZUNKEL, Die Rolle der Bergbaubürokratie beim industriellen Ausbau des Ruhrgebiets 1815–1848, in: 298: 130–147.

6. Staat und Wirtschaft nach 1850

167. W. ABELSHAUSER, Staat, Infrastruktur und regionaler Wohlstandsausgleich im Preußen der Hochindustrialisierung, in: 251: 9–58.

168. W. ABELSHAUSER, The First Post-Liberal Nation: Stages in the Development of Modern Corporatism in Germany, in: EHQ 14 (1984) 285–318.

169. W. ABELSHAUSER, Freiheitlicher Korporatismus im Kaiserreich und in der Weimarer Republik, in: Die Weimarer Republik als Wohlfahrtsstaat. Hrsg. v. dems. Stuttgart 1987, 147–170.

170. W. ABELSHAUSER, Wirtschaftliche Wechsellagen, Wirtschaftsordnung und Staat: Die deutschen Erfahrungen, in 49: 199–232.

171. W. ABELSHAUSER, Umbruch und Persistenz: Das deutsche Produktionssystem in historischer Perspektive, in: GG 27 (2001) 503–523.

172. W. ABELSHAUSER, Markt und Staat. Deutsche Wirtschaftspolitik im „langen 20. Jahrhundert", in 229: 117–139.

173. R. ALDENHOFF-HÜBINGER, Agrarpolitik und Protektionismus. Deutschland und Frankreich im Vergleich 1879–1914. Göttingen 2002.

174. G. AMBROSIUS, Der Staat als Unternehmer. Öffentliche Wirtschaft und Kapitalismus seit dem 19. Jahrhundert. Göttingen 1984.

175. G. AMBROSIUS, Staat und Wirtschaft im 20. Jahrhundert. München 1990.

176. G. AMBROSIUS, Agrarstaat oder Industriestaat – Industriegesellschaft oder Dienstleistungsgesellschaft? Zum sektoralen Strukturwandel im 20. Jahrhundert, in 229: 50–89.

177. K. J. BADE, Organisierter Kapitalismus oder: Von den Schwierigkeiten vergleichender Sozialgeschichte, in: NPL 20 (1975) 293–307.

178. K. J. BADE, Die deutsche Kolonialexpansion in Afrika: Ausgangssituation und Ergebnis, in: Afrika im Geschichtsunterricht europäischer Länder. Hrsg. v. W. Fürnrohr. München 1982, 13–47.

179. K. J. BADE, „Preußengänger" und „Abwehrpolitik": Ausländerbeschäftigung, Ausländerpolitik und Ausländerkontrolle auf dem Arbeitsmarkt in Preußen vor 1914, in: AfS 24 (1984) 90–162.

180. P. BALDWIN, The Politics of Social Solidarity. Class Bases of the European Welfare State 1875–1975. Cambridge 1990.

181. K. D. BARKIN, „Organized Capitalism", in: JModH 47 (1975) 125–129.

182. K. D. BARKIN, The Controversy over German Industrialization 1890–1902. Chicago/London 1970.

183. D. BAUDIS/H. NUSSBAUM, Wirtschaft und Staat in Deutschland vom Ende des 19. Jahrhunderts bis 1918/19. Berlin 1978.

184. R. BOCH, Das Patentgesetz von 1877. Entstehung und wirtschaftsgeschichtliche Bedeutung, in: Patentschutz und Innovation in Geschichte und Gegenwart. Hrsg. v. dems. Frankfurt a. M. 1999, 71–84.

185. H. BÖHME, Deutschlands Weg zur Großmacht. Studien zum Verhältnis von Wirtschaft und Staat während der Reichsgründungszeit 1848–1881. Köln 1966.

186. W. A. BOELCKE, „Glück für das Land". Die Erfolgsgeschichte der Wirtschaftsförderung von Steinbeis bis heute. Stuttgart 1992.

187. P. BORSCHEID, Naturwissenschaft, Staat und Industrie in Baden (1848–1914). Stuttgart 1976.

188. B. VOM BROCKE, Die Kaiser-Wilhelm-Gesellschaft im Kaiserreich, in: Forschung im Spannungsfeld von Politik und Gesellschaft. Hrsg. v. dems./R. Vierhaus. Stuttgart 1990, 17–62.

189. R. VOM BRUCH, Wissenschaftspolitik, Wissenschaftssystem und Nationalstaat im Deutschen Kaiserreich, in: Wirtschaft, Wissenschaft und Bildung in Preußen. Hrsg. v. K. H. Kaufhold/B. Sösemann. Stuttgart 1998, 73–89.

190. R. EPKENHANS, Die wilhelminische Flottenrüstung 1908–1914. München 1991.

191. R. EPKENHANS, Großindustrie und Schlachtflottenbau 1897–1914, in: MGM 43 (1988) 65–140.

192. W. FISCHER, Die Bedeutung der preußischen Bergrechtsreform (1851–1865) für den industriellen Ausbau des Ruhrgebiets. Dortmund 1961.

193. W. FISCHER, Wirtschaft und Gesellschaft Europas 1850–1914, in 20: 1–127.

194. W. FISCHER, Deutschland 1850–1914, in 20: 357–442.

195. M. FORBERG, Foreign Labour, the State and Trade Unions in Imperial Germany 1890–1918, in 209: 99–130.

196. M. FRÖHLICH, Imperialismus. Deutsche Kolonial- und Weltpolitik 1880–1914. München 1994.

197. L. GALL, Zu Ausbildung und Charakter des Interventionsstaats, in: Staat und Gesellschaft im politischen Wandel. Hrsg. v. W. Pöls. Stuttgart 1979, 1–16.

198. H. GRÜNDER, Geschichte der deutschen Kolonien. 2. Aufl. Paderborn 1991.

199. G. HAMMER, Die Deutsche Reichsbahn als Auftraggeberin der deutschen Wirtschaft. Berlin 1932.

200. H. HARNISCH, Agrarstaat oder Industriestaat? Die Debatte um die Bedeutung der Landwirtschaft in Wirtschaft und Gesellschaft Deutschlands an der Wende vom 19. zum 20. Jahrhundert, in: Ostelbische Agrargesellschaft im Kaiserreich und in der Weimarer Republik. Hrsg. v. H. Reif. Berlin 1994, 33–50.

201. V. HENTSCHEL, Wirtschaft und Wirtschaftspolitik im wilhelminischen Deutschland. Organisierter Kapitalismus und Interventionsstaat? Stuttgart 1978.

202. V. HENTSCHEL, Geschichte der deutschen Sozialpolitik 1880–1980. Frankfurt a. M. 1983.

203. D. HERTZ-EICHENRODE, Rezension „Organisierter Kapitalismus", in: PVS 17(1976) 284.

204. J.-O. HESSE, Im Netz der Kommunikation. Die Reichs-Post- und Telegraphenverwaltung 1876–1914. München 2002.

205. E. J. HOBSBAWM, Das imperiale Zeitalter. 3. Aufl. Frankfurt a. M. 1996.

206. K. H. KAUFHOLD, Das Handwerk zwischen Anpassung und Verdrängung, in: Sozialgeschichtliche Probleme in der Zeit der Hochindustrialisierung (1870–1914). Hrsg. v. H. Pohl. Paderborn 1979, 103–141.

207. J. KOCKA, Organisierter Kapitalismus oder Staatsmonopolistischer Kapitalismus? Begriffliche Vorbemerkungen, in 245: 19–35.

208. J. KOCKA, Neue Historische Literatur. Organisierter Kapitalismus im Kaiserreich?, in: HZ 230 (1980) 613–631.

209. W. R. LEE/E. ROSENHAFT (Hrsg.), The State and Social Change in Germany 1880–1980. New York 1990.

210. J. LODEMANN/M. POHL, Die Bagdadbahn. Mainz 1988.

211. W. LOTH, Katholiken im Kaiserreich. Der politische Katholizismus in der Krise des wilhelminischen Deutschlands. Düsseldorf 1984.

212. H. MEJCHER, Die Bagdadbahn als Instrument deutschen wirtschaftlichen Einflusses im Osmanischen Reich, in: GG 1 (1975) 447–81.

213. J. MOMMSEN/W. MOCK (Hrsg.), Die Entstehung des Wohlfahrtsstaates in Großbritannien und Deutschland 1850–1950. Stuttgart 1982.

214. E. NASSE, Über die Verhütung der Produktionskrisen durch staatliche Fürsorge, in: Jb für Ges. und Verwaltung. Jg. 3. Leipzig 1879, 145–189.

215. T. NIPPERDEY, Rezension „Organisierter Kapitalismus", in: HZ 225 (1977) 473–476.

216. K. OLDENBERG, Deutschland als Industriestaat. Göttingen 1897.

217. H.-P. V. PESCHKE, Elektroindustrie und Staatsverwaltung am Beispiel Siemens 1847–1914. Frankfurt a. M. 1981.

218. M. L. PLESSEN, Die Wirksamkeit des Vereins für Sozialpolitik von 1879–1890. Berlin 1975.

219. H.-J. PUHLE, Historische Konzepte des entwickelten Industriekapitalismus. „Organisierter Kapitalismus" und „Korporatismus", in: GG 10 (1984) 165–184.

220. H.-G. REUTER, Verteilungs- und Umverteilungseffekte der Sozialversicherungsgesetzgebung im Kaiserreich, in 251: 107–163.

221. G. A. RITTER, Der Übergang zum Interventions- und Wohlfahrtsstaat und dessen Auswirkungen auf Parteien und Parlamente im deutschen Kaiserreich, in: Geschichte als Aufgabe. Fs. O. Büsch. Hrsg. v. W. Treue. Berlin 1988, 437–459.

222. G. A. RITTER, Der Sozialstaat. Entstehung und Entwicklung im internationalen Vergleich. 2. Aufl. München 1991.

223. G. A. RITTER /K. TENFELDE, Arbeiter im Deutschen Kaiserreich 1871 bis 1914. Bonn 1992.

224. F. SCHINZINGER, Die Kolonien und das Deutsche Reich. Die wirtschaftliche Bedeutung der deutschen Besitzungen in Übersee. Wiesbaden 1984.

225. G. SCHÖLLGEN, Imperialismus und Gleichgewicht. Deutschland, England und die orientalische Frage 1871–1914. 3. Aufl. München 2000.

226. G. SCHÖLLGEN, Das Zeitalter des Imperialismus. 4., durchges. Aufl. München 2000.

227. G. SCHMIDT, Der europäische Imperialismus. München 1985.

228. C. SCHÖNBERGER, Die überholte Parlamentarisierung. Einflußgewinn und fehlende Herrschaftsfähigkeit des Reichstags im sich demokratisierenden Kaiserreich, in: HZ 272 (2001) 623–666.

229. R. SPREE (Hrsg.), Geschichte der deutschen Wirtschaft im 20. Jahrhundert. München 2001.

230. M. STEINKÜHLER, Agrar- oder Industriestaat. Die Auseinandersetzungen um die Getreidehandels- und Zollpolitik des Deutschen Reiches 1879–1914. Frankfurt a.M. 1992.

231. G. STEINMETZ, Regulating the Social. The Welfare State and Local Politics in Imperial Germany. Princeton 1993.

232. R. TILLY, Verkehrs- und Nachrichtenwesen, Handel, Geld-, Kredit- und Versicherungswesen 1850–1914, in 298: 563–596.

233. H.-P. ULLMANN, Staatliche Exportförderung und private Exportinitiative. Probleme des Staatsinterventionismus im Deutschen Kaiserreich am Beispiel der staatlichen Außenhandelsförderung (1880–1919), in: VSWG 65 (1978) 157–216.

234. H.-P. ULLMANN, Das Deutsche Kaiserreich 1871–1918. Frankfurt a.M. 1995.

235. H.-P. ULLMANN, Die Bürger als Steuerzahler im Deutschen Kaiserreich, in: Nation und Gesellschaft in Deutschland. Hrsg. v. M. Hettling/P. Nolte . München 1996, 231–246.

236. H.-P. ULLMANN, Politik im Deutschen Kaiserreich 1871–1918. München 1999.

237. H. VOLKMANN, Die Arbeiterfrage im preußischen Abgeordnetenhaus 1848–1869. Berlin 1968.

238. A. WAGNER, Agrar- und Industriestaat. 2. Aufl. Jena 1902.

239. H.-U. WEHLER, Der Aufstieg des Organisierten Kapitalismus und Interventionsstaates in Deutschland, in 245: 36–57.

240. H.-U. WEHLER, Sozialimperialismus, in: Imperialismus. Hrsg. v. dems. 4. erg. Aufl. Königstein 1979, 83–96.

241. T. WELLENREUTHER, Infragestellung des ökonomischen Liberalismus in Deutschland von ca. 1870 bis 1913, in 293: 69–101.

242. U. WENGENROTH, Unternehmensstrategien und technischer Fortschritt. Die deutsche und die britische Stahlindustrie 1865–1895. Göttingen 1986.

243. H. A. WESSEL, Der Einfluß des Staates auf die Industrie – dargestellt am Beispiel der staatlichen Telegraphenbehörden und der elektrotechnischen Industrie, in 252: 203–223.

244. W. WETZEL, Naturwissenschaften und Chemische Industrie in Deutschland. Voraussetzungen und Mechanismen ihres Aufstiegs im 19. Jahrhundert. Stuttgart 1991.

245. H. A. WINKLER (Hrsg.), Organisierter Kapitalismus. Voraussetzungen und Anfänge. Göttingen 1974.

246. H. A. WINKLER, Organisierter Kapitalismus? Versuch eines Fazits, in: Liberalismus und Antiliberalismus. Studien zur politischen Sozialgeschichte des 19. und 20. Jahrhunderts. Hrsg. v. dems. Göttingen 1979, 264–271.

7. Epochenübergreifende Darstellungen, Sammelbände

247. W. ABELSHAUSER, Neuer Most in alten Schläuchen? Vorindustrielle Traditionen deutscher Wirtschaftsordnung im Vergleich mit England, in: Bevölkerung, Wirtschaft, Gesellschaft seit der Industrialisierung. Fs. W. Köllmann. Hrsg. v. D. Petzina/J. Reulecke. Dortmund 1990, 117–132.

248. G. AMBROSIUS, Staat und Wirtschaftsordnung. Eine Einführung in Theorie und Geschichte. Stuttgart 2001.

249. K. J. BADE, Europa in Bewegung. Migration vom späten 18. Jahrhundert bis zur Gegenwart. München 2002.

250. H. VON BECKERATH, Art. Industriepolitik (Epochen und Bereiche), in: Handwörterbuch der Sozialwissenschaften Bd. 5, Göttingen 1956, 276–281.

251. F. BLAICH (Hrsg.), Staatliche Umverteilungspolitik in historischer Perspektive. Berlin 1980.

252. F. BLAICH (Hrsg.), Die Rolle des Staates für die wirtschaftliche Entwicklung. Berlin 1982.

253. K. BORCHARDT, Der „Property-Rigths-Ansatz" in der Wirtschaftsgeschichte – Zeichen für eine systematische Neuorientierung des Faches?, in: Theorien in der Praxis des Historikers. Hrsg. v. J. Kocka. Göttingen 1977, 140–160.

254. C. BUCHHEIM, Einführung in die Wirtschaftsgeschichte. München 1997.

255. J. BURKHARDT, Das Haus, der Staat und die Ökonomie. Das Verhältnis von Ökonomie und Politik in der neuzeitlichen Institutionengeschichte, in: Die Rationalität politischer Institutionen. Interdisziplinäre Perspektiven. Hrsg. v. G. Göhler u. a. Baden-Baden 1990, 169–187.

256. J. BURKHARDT, Art. Wirtschaft, in: Geschichtliche Grundbegriffe. Bd. 6. Hrsg. v. O. Brunner/W. Conze/R. Koselleck. Stuttgart 1992, 550–594.

257. I. CLARK, Globalization and Fragmentation. Oxford/New York 1997.

258. C. DIEBOLT, Education et croissance économique. Le cas de L'Allemagne aux 19eme et 20eme siècles. Paris 1995.

259. S. FISCH, „Polytechnische Schulen" im 19. Jahrhundert. Der bayerische Weg von praxisorientierter Handwerksförderung zu wissenschaftlicher Hochschulbildung, in: Technische Universität München. Annäherungen an ihre Geschichte. Hrsg. v. U. Wengenroth. München 1993, 1–38.

260. R. FREMDLING, Eisenbahnen und deutsches Wirtschaftswachstum 1840–1879. 2. Aufl. Dortmund 1985.

261. R. FREMDLING, Technologischer Wandel und internationaler Handel im 18. und 19. Jahrhundert. Die Eisenindustrien in Großbritannien, Belgien, Frankreich und Deutschland. Berlin 1986.

262. K. FUCHS, Vom Dirigismus zum Liberalismus. Die Entwicklung Oberschlesiens als preußisches Berg- und Hüttenrevier. Wiesbaden 1970.

263. L. GALL, Eisenbahn in Deutschland: Von den Anfängen bis zum Ersten Weltkrieg, in: Die Eisenbahn in Deutschland: Von den Anfängen bis zur Gegenwart. Hrsg. v. dems. u. M. Pohl. München 1999, 13–70.

264. F. HAVERKAMP, Staatliche Gewerbeförderung im Großherzogtum Baden unter besonderer Berücksichtigung der Entwicklung des

gewerblichen Bildungswesens im 19. Jahrhundert. Freiburg/München 1979.

265. F.-W. Henning, Die Einführung der Gewerbefreiheit und ihre Auswirkungen auf das Handwerk in Deutschland, in: Handwerksgeschichte in neuer Sicht. Hrsg. v. W. Abel. Göttingen 1978, 147–177.

266. F.-W. Henning, Die staatliche Wirtschaftsförderung im Zeitalter des Liberalismus in Preußen (1815–1880), unter besonderer Berücksichtigung der Tätigkeit der Verwaltung der mittleren und unteren Ebenen und der entstehenden parlamentarischen Einrichtungen, in: Verfassung und Verwaltung, Fs. K. G. A. Jeserich. Hrsg. v. H. Neuhaus. Köln u. a. 1994, 203–217.

267. V. Hentschel, Deutsche Wirtschafts- und Sozialpolitik 1815 bis 1945. Düsseldorf 1980.

268. P. Hirst/G. Thompson, Globalization in Question. The International Economy and the Possibilities of Governance. 2. Aufl. Cambridge 1999.

269. H. James, Rambouillet, 15. November 1975. Die Globalisierung der Wirtschaft. München 1997.

270. H. James, The End of Globalization. Lessons from the Great Depression. Cambridge/Mass. 2001.

271. K. H. Kaufhold, Gewerbefreiheit und gewerbliche Entwicklung in Deutschland im 19. Jahrhundert, in: BlldtLG 118 (1982) 73–114.

272. K. H. Kaufhold, Die Entwicklung des Handwerks im 19. und frühen 20. Jahrhundert, in: Handwerk zwischen Idealbild und Wirklichkeit. Hrsg. v. P. Hugger. Bern 1991, 53–80.

273. H. Kiesewetter/R. Fremdling (Hrsg.), Staat, Region und Industrialisierung. Ostfildern 1985.

274. D. von Laer, Industrialisierung und Qualität der Arbeit. Eine bildungsökonomische Untersuchung für das 19. Jahrhundert. New York 1977.

275. W. R. Lee, Economic Development and the State in Nineteenth-Century Germany, in: EconHR 2nd. Ser., 41 (1988) 346–367.

276. W. R. Lee (Hrsg.), German Industry and Industrialisation. Essays in German Economic and Business History in the Nineteenth and Twentieth Centuries. New York 1991.

277. A. Lüdtke, Gemeinwohl, Polizei und „Festungspraxis". Göttingen 1982.

278. P. Lundgreen, Bildung und Wirtschaftswachstum im Industrialisierungsprozeß des 19. Jahrhunderts. Berlin 1973.

279. M. Manoilescu, Le siècle du corporatisme. Paris 1934.

280. H. MAUERSBERG, Bayerische Entwicklungspolitik 1818–1923. Die etatmäßigen bayerischen Industrie- und Kulturfonds. München 1987.

281. D. C. NORTH, Theorie des institutionellen Wandels. Tübingen 1988.

282. M. PANIC, National Management of the International Economy. London 1988.

283. D. PETZINA, Isolation und Öffnung. Zwischen National- und Weltwirtschaft, in 229: 90–116.

284. T. PIERENKEMPER, Die schwerindustriellen Regionen Deutschlands in der Expansion: Oberschlesien, die Saar und das Ruhrgebiet im 19. Jahrhundert, in: JbWG (1992) 37–56.

285. S. POLLARD, Peaceful Conquest. The Industrialization of Europe 1760–1970. Oxford 1981.

286. S. POLLARD /D. ZIEGLER (Hrsg.), Markt, Staat, Planung – Historische Erfahrungen mit Regulierungs- und Deregulierungsversuchen der Wirtschaft. St. Katharinen 1992.

287. R. ROBERTSON, Globalization: Social Theory and Global Culture. London 1992.

288. W. RÖPKE, Staatsinterventionismus, in: Handwörterbuch der Staatswissenschaften. Bd. 9 (Ergänzungsband). Hrsg. v. L. Elster/ A. Weber. 4. neubearb. Aufl. Jena 1929, 861–882.

289. W. W. ROSTOW, The Stages of Economic Growth: A Non-Communist Manifesto. Cambridge Mass. 1966; dtsch: Stadien wirtschaftlichen Wachstums. 2. Aufl. Göttingen 1967.

290. E. SCHREMMER, Föderativer Staatsverbund, öffentliche Finanzen und Industrialisierung in Deutschland, in 273: 3–65.

291. M. SCHULZ-BRIESEN, Der Preußische Staatsbergbau von seinen Anfängen bis zum Ende des 19. Jahrhunderts. Berlin 1933.

292. B. SUPPLE, Der Staat und die Industrielle Revolution 1700–1914, in: Europäische Wirtschaftsgeschichte. Bd. 2. Hrsg. v. C. M. Cipolla/K. Borchardt. Stuttgart/New York 1985, 195–231.

293. R. TILLY (Hrsg.), Geschichte der Wirtschaftspolitik. Vom Merkantilismus zur Sozialen Marktwirtschaft. München/Wien 1993.

294. R. TILLY, Geld und Kredit in der Wirtschaftsgeschichte. Stuttgart 2003

295. F. B. TIPTON, Government Policy and Economic Development in Germany and Japan: A Skeptical Reevaluation, in: JEconH 41 (1981) 139–150.

296. W. TREUE, Wirtschafts- und Technikgeschichte Preußens. Berlin 1984.

297. W. Treue, Preußens Wirtschaft vom Dreißigjährigen Krieg bis zum Nationalsozialismus, in 19: 494–604.

298. H.-U. Wehler (Hrsg.), Sozialgeschichte heute. Fs. H. Rosenberg. Göttingen 1974.

299. C. Wischermann, Der Property-Rights-Ansatz und die „neue" Wirtschaftsgeschichte, in: GG 19 (1993) 239–258.

300. K. Wutke, Aus der Vergangenheit des Schlesischen Berg- und Hüttenlebens. Breslau 1913.

301. D. Ziegler, Eisenbahnen und Staat im Zeitalter der Industrialisierung. Die Eisenbahnpolitik der deutschen Staaten im Vergleich. Stuttgart 1996.

302. F. Zunkel, Der Rheinisch-Westfälische Unternehmer 1834–1879. Köln 1962.

Register

Personenregister

Ortsregister

Sachregister

Enzyklopädie deutscher Geschichte
Themen und Autoren

Bauern zwischen Bauernkrieg und Dreißigjährigem Krieg (André Holenstein) 1996. EdG 38
Bauern 1648–1806 (Werner Troßbach) 1992. EdG 19
Adel in der Frühen Neuzeit (Rudolf Endres) 1993. EdG 18
Der Fürstenhof in der Frühen Neuzeit (Rainer A. Müller) 2. Aufl. 2004. EdG 33
Die Stadt in der Frühen Neuzeit (Heinz Schilling) 2. Aufl. 2004. EdG 24
Armut, Unterschichten, Randgruppen in der Frühen Neuzeit (Wolfgang von Hippel) 1995. EdG 34
Unruhen in der ständischen Gesellschaft 1300–1800 (Peter Blickle) 1988. EdG 1
Frauen- und Geschlechtergeschichte 1500–1800 (Heide Wunder)
Die Juden in Deutschland vom 16. bis zum Ende des 18. Jahrhunderts (J. Friedrich Battenberg) 2001. EdG 60

Wirtschaft
Die deutsche Wirtschaft im 16. Jahrhundert (Franz Mathis) 1992. EdG 11
Die Entwicklung der Wirtschaft im Zeitalter des Merkantilismus 1620–1800 (Rainer Gömmel) 1998. EdG 46
Landwirtschaft in der Frühen Neuzeit (Walter Achilles) 1991. EdG 10
Gewerbe in der Frühen Neuzeit (Wilfried Reininghaus) 1990. EdG 3
Kommunikation, Handel, Geld und Banken in der Frühen Neuzeit (Michael North) 2000. EdG 59

Kultur, Alltag, Mentalitäten
Medien in der Frühen Neuzeit (Stephan Füssel)
Bildung und Wissenschaft vom 15. bis zum 17. Jahrhundert (Notker Hammerstein) 2003. EdG 64
Bildung und Wissenschaft in der Frühen Neuzeit 1650–1800 (Anton Schindling) 2. Aufl. 1999. EdG 30
Die Aufklärung (Winfried Müller) 2002. EdG 61
Lebenswelt und Kultur des Bürgertums in der Frühen Neuzeit (Bernd Roeck) 1991. EdG 9
Lebenswelt und Kultur der unterständischen Schichten in der Frühen Neuzeit (Robert von Friedeburg) 2002. EdG 62

Religion und Kirche
Die Reformation. Voraussetzungen und Durchsetzung (Olaf Mörke)
Konfessionalisierung im 16. Jahrhundert (Heinrich Richard Schmidt) 1992. EdG 12
Kirche, Staat und Gesellschaft im 17. und 18. Jahrhundert (Michael Maurer) 1999. EdG 51
Religiöse Bewegungen in der Frühen Neuzeit (Hans-Jürgen Goertz) 1993. EdG 20

Politik, Staat und Verfassung
Das Reich in der Frühen Neuzeit (Helmut Neuhaus) 2. Aufl. 2003. EdG 42
Landesherrschaft, Territorien und Staat in der Frühen Neuzeit (Joachim Bahlcke)
Die Landständische Verfassung (Kersten Krüger) 2003. EdG 67
Vom aufgeklärten Reformstaat zum bürokratischen Staatsabsolutismus (Walter Demel) 1993. EdG 23
Militärgeschichte des späten Mittelalters und der Frühen Neuzeit (Bernhard Kroener)

Staatensystem, internationale Beziehungen
Das Reich im Kampf um die Hegemonie in Europa 1521–1648 (Alfred Kohler) 1990. EdG 6
Altes Reich und europäische Staatenwelt 1648–1806 (Heinz Duchhardt) 1990. EdG 4

19. und 20. Jahrhundert

Demographie des 19. und 20. Jahrhunderts (Josef Ehmer)   Gesellschaft
Umweltgeschichte des 19. und 20. Jahrhunderts (Frank Uekötter)
Adel im 19. und 20. Jahrhundert (Heinz Reif) 1999. EdG 55
Geschichte der Familie im 19. und 20. Jahrhundert (Andreas Gestrich)
1998. EdG 50
Urbanisierung im 19. und 20. Jahrhundert (Klaus Tenfelde)
Soziale Schichtung, soziale Mobilität und sozialer Protest im 19. und
20. Jahrhundert (N.N.)
Von der ständischen zur bürgerlichen Gesellschaft (Lothar Gall)
1993. EdG 25
Die Angestellten seit dem 19. Jahrhundert (Günter Schulz) 2000. EdG 54
Die Arbeiterschaft im 19. und 20. Jahrhundert (Gerhard Schildt)
1996. EdG 36
Frauen- und Geschlechtergeschichte im 19. und 20. Jahrhundert
(Karen Hagemann)
Die Juden in Deutschland 1780–1918 (Shulamit Volkov) 2. Aufl. 2000.
EdG 16
Die Juden in Deutschland 1914–1945 (Moshe Zimmermann) 1997.
EdG 43

Die Industrielle Revolution in Deutschland (Hans-Werner Hahn)   Wirtschaft
1998. EdG 49
Die deutsche Wirtschaft im 20. Jahrhundert (Wilfried Feldenkirchen)
1998. EdG 47
Agrarwirtschaft und ländliche Gesellschaft im 19. Jahrhundert (Stefan Brakensiek)
Agrarwirtschaft und ländliche Gesellschaft im 20. Jahrhundert (Ulrich Kluge)
Gewerbe und Industrie im 19. und 20. Jahrhundert (Toni Pierenkemper)
1994. EdG 29
Handel und Verkehr im 19. Jahrhundert (Karl Heinrich Kaufhold)
Handel und Verkehr im 20. Jahrhundert (Christopher Kopper) 2002.
EdG 63
Banken und Versicherungen im 19. und 20. Jahrhundert (Eckhard Wandel)
1998. EdG 45
Unternehmensgeschichte im 19. und 20. Jahrhundert (Werner Plumpe)
Staat und Wirtschaft im 19. Jahrhundert (Rudolf Boch) 2004. EdG 70
Staat und Wirtschaft im 20. Jahrhundert (Gerold Ambrosius) 1990.
EdG 7

Kultur, Bildung und Wissenschaft im 19. Jahrhundert (Hans-Christof Kraus)   Kultur, Alltag und
Kultur, Bildung und Wissenschaft im 20. Jahrhundert (Frank-Lothar Kroll)   Mentalitäten
2003. EdG 65
Lebenswelt und Kultur des Bürgertums im 19. und 20. Jahrhundert
(Andreas Schulz)
Lebenswelt und Kultur der unterbürgerlichen Schichten im 19. und
20. Jahrhundert (Wolfgang Kaschuba) 1990. EdG 5

Formen der Frömmigkeit in einer sich säkularisierenden Gesellschaft (Karl Egon   Religion und
Lönne)   Kirche
Kirche, Politik und Gesellschaft im 19. Jahrhundert (Gerhard Besier)
1998. EdG 48
Kirche, Politik und Gesellschaft im 20. Jahrhundert (Gerhard Besier)
2000. EdG 56

Politik, Staat,
Verfassung

Der Deutsche Bund und das politische System der Restauration 1815–1866
(Jürgen Müller)
**Verfassungsstaat und Nationsbildung 1815–1871 (Elisabeth Fehrenbach)
1992. EdG 22
Politik im deutschen Kaiserreich (Hans-Peter Ullmann) 1999. EdG 52
Die Weimarer Republik. Politik und Gesellschaft (Andreas Wirsching)
2000. EdG 58
Nationalsozialistische Herrschaft (Ulrich von Hehl) 2. Auflage 2001. EdG 39
Die Bundesrepublik Deutschland. Verfassung, Parlament und Parteien
(Adolf M. Birke) 1996. EdG 41**
Militärgeschichte des 19. Jahrhunderts (Ralf Pröve)
Militärgeschichte des 20. Jahrhunderts (Bernhard R. Kroener)
Die Sozialgeschichte der Bundesrepublik Deutschland (Axel Schildt)
Die Sozialgeschichte der DDR (Arnd Bauerkämper)
Die Innenpolitik der DDR (Günther Heydemann) 2003. EdG 66

Staatensystem,
internationale
Beziehungen

**Die deutsche Frage und das europäische Staatensystem 1815–1871
(Anselm Doering-Manteuffel) 2. Aufl. 2001. EdG 15
Deutsche Außenpolitik 1871–1918 (Klaus Hildebrand) 2. Aufl. 1994. EdG 2
Die Außenpolitik der Weimarer Republik (Gottfried Niedhart) 1999. EdG 53
Die Außenpolitik des Dritten Reiches (Marie-Luise Recker) 1990. EdG 8**
Die Außenpolitik der BRD (Ulrich Lappenküper)
Die Außenpolitik der DDR (Joachim Scholtyseck) 2003. EDG 69

Hervorgehobene Titel sind bereits erschienen.

Stand: (März 2004)